여수, 외발 갈매기

여수, 외발 갈매기

초판 1쇄 인쇄 | 2023년 12월 31일
지은이 | 엄정숙
펴낸이 | 이재욱(필명:이승훈)
펴낸곳 | 해드림출판사
주 소 | 서울 영등포구 경인로82길 3-4(문래동1가 39)
  센터플러스빌딩 1004호(우편07371)
전 화 | 02-2612-5552
팩 스 | 02-2688-5568
E-mail | jlee5059@hanmail.net

등록번호 제2013-000076
등록일자 2008년 9월 29일

ISBN   979-11-5634-572-5

이 책은 전라남도, (재)전라남도문화재단의 후원을 받아 발간(제작)되었습니다.

엄정숙의 시가 있는 수필집

여수, 외발 갈매기

해드림출판사

펴내는 글

아침에 우연히 책꽂이에서 낯선 책 한 권이 눈에 띄었다. '隨筆學'이라는 책인데 상당히 두꺼웠다. 아끼는 소장품의 풍모로는 손색이 없어 보였다.

'2006년 1월 7일 매일신문 신춘문예 수필 당선 시상식에서 시인 강수정이 보랏빛 국화 한 묶음과 함께 이 책을 선물했다.'라는 메모가 있다.

각별한 학습 단계도 없이 이렇게 나는 수필 작가가 되는 길을 허락받았다. 국화 한 묶음이 나를 시간 저편으로 데리고 갔다. '하던 짓도 멍석을 깔아놓으면 안 한다'는 옛말이 비수처럼 스친다. 적지 않은 나이에 큰 상을 탔는데도 애면글면 글쓰기에 매달리지 않았다. 스스로의 소산을 갈무리하지 못한 것 또한 뉘우치기에는 늦었다. 그리움도 짐이 된다. 그리운 것이 없으니까 미움도 후회도 없다. 말이 전혀 되지 않은 말을 늘어놓은 것은 아닌지 살필 겨를이 없다. 해가 저물고 그동안 내 곁을 떠난 사람도 여럿이다. 돌아올 수 없는 곳으로 간 사람들은 쉽게 지워지지 않는다. 내 마음속에서 장수를 누리는 사람들, 빈약한 책 내용이지만 그들이 더 기뻐해 줄 것 같다.

지금은 날마다 일출과 일몰을 볼 수 있는 나의 자작시 '바닷가의 집'에서 산다. 빈집인 줄 알고 이사를 왔는데 누군가가 베란다에 서서 꽝꽝 못을 박아 놓아 할 수 없이 바다와 함께 살고 있다. 아무리 바빠도, 하루 두 번씩 집을 비우는 바다를 보며 마음 비우는 법을 배우며 산다.

　나는 바퀴 달린 가방을 끌고 서울로 미국으로 돌아다니다가 역주행해서 돌아온 탕자다. 한쪽 다리가 잘린 외발 갈매기다. 나의 내력에 대해서는 옆집 사람보다 하나님이 더 잘 안다. 하나님이 나를 받아 주니까 바다도 나를 밀어내지 못한다. 바다와 살면서 말더듬이를 고쳤고 산천의 문장을 받아쓴다.

　수식어를 버리기로 했다. 주어와 서술어, 그리고 목적어가 있으니 든든하다. 미지의 세계와 못 배운 말들이 나를 기다리는 꿈을 꾼다. 내 생애를 퇴고하는 방법으로 이보다 좋은 방법이 없는 듯싶다.

2023년 12월 여수시 월호동 바닷가의 집에서
엄정숙

차례

펴내는 글   4

복사꽃_詩	12
타국의 거리에서	14
그 가을에 겪은 낭패	21
구두를 닦으며	26
봄은 꽃신을 신고 온다	31
목단꽃으로 피고 싶다	37
가을 파묘_詩	44
회전초 생각_詩	46
리모델링	48
태풍의 계절	55

2부

장날 소회	63
환절기_詩	68
진자 언니	70
집으로 가는 길	76
외발 갈매기	81
소소한 일상	87
복사꽃 피면	92
문(門)	97
외할머니의 붕어빵	102
비누 냄새	107
친구 생각_詩	112
가을_詩	113

새벽_詩	116
뷰포인트 Viewpoint	117
까치 소리	123
신발에 대한 나의 소견	129
그게 아니었다	134
개똥 이야기	140
구두 수선공	146
쥐약	151
의자의 하소연	158
냄새論_詩	164
입동 부근_詩	166

강물에 쓰는 에필로그_詩	170
잿빛 하루	172
적막한 바닷가	178
죽 쑤는 남자	184
흰머리 소감	189
그릇을 씻으며	195
새벽 단상	202
뒤늦은 안부	208
감나무를 베끼다	214
말년 일기	219
그래도요	225
울컥_詩	229
겨울 월호동_詩	230

복사꽃

복사꽃은 귀신을 속이고 피는 꽃
음절이 틀린 계절을 좋아한다

봄꽃들 피거나 지거나 안중에 없이
산등성이를 발 빠르게 내려와
동네 하나를 점령하는 봄날

내가 아는 농장 주인은
통찰력이 뛰어나
꽃잎을 속지 않고 그늘을 널어 둔다
천만 석의 그늘을 거두면
복사꽃 향기도 천만 석이다

지나가던 사람들이

허방을 치듯 슬쩍 들어와
아는 병인지 모르는 병인지
다 내려놓고 가버리는 걸
나는 몇 해째 보아 왔다

타국의 거리에서

 로스앤젤레스 인근 도시에서 살다가 한인 타운으로 이사를 했다. 모국어의 간판들이 즐비한 거리가 낯설지 않아서 반은 고향에 온 듯했다.

 점심을 먹는 식당 안이 술렁거렸다. 새벽녘에 인근에 있는 호수 위로 시체가 떠올랐다는 것이다. 대학원까지 마친 한국 남자가 생을 마감한 곳에서 나는 뜨거운 국물에 밥을 먹었다. 고향의 연못 위에 떠 있던 부레옥잠을 생각하며 모래알처럼 깔끄러운 밥알을 씹었다. 오랜만에 찾아온 동구 밖에서 먼 친척의 부음을 듣는 기분이었다. 얼마 전에는 '빅베어' 숲속으로 고사리를 뜯으러 간 할머니가 돌아오지 않는다는 뉴스가 있었다. 살진 고사리가 지천으로 널려 있는 숲속을 고향 뒷산쯤으로 착각하신 모양이다.

수색대가 며칠을 뒤져도 찾지 못했다고 했다. 미국이라는 거대한 나라가 판타지 영화 '헨젤과 그레텔'에 나오는 마법의 숲처럼 느껴졌다.

넓은 도로는 대형 식품점을 중심으로 한국인의 상권이 길게 뻗어 있었다. 이민 역사 백 년의 피와 땀이 주춧돌이 되어 수많은 마천루를 세운 것이리라. 벅찬 감회보다는 '살아남기' 위해 애쓴 흔적에 오히려 서늘한 아픔이 몰려왔다. 아픔을 알아주면 갑자기 돈독해지는 것이 사람살이의 정리(情理)인지 다른 지역에서 피부로 스미던 차가운 이질감은 느낄 수가 없었다.

나는 달팽이처럼 촉수를 세우고 이곳의 지리와 냄새에 익숙해지기 위해 시가지를 돌아보았다. 울창한 나뭇가지에 새들이 모이는 것처럼 길모퉁이마다 히스패닉들이 옹기종기 모여 있었다. 몇 시간의 일거리라도 얻겠다고 한국 사람들의 눈치를 살피고 있었다.

미국의 하층 구조를 거미줄처럼 엮어 가고 있는 그들은 기름진 땅, 한인 타운의 처마 밑에 어느덧 둥지를 틀고 있었다. 어린 날 보았던 부잣집 잔치 마당가에 쪼그리고 앉아 있던 가난한 아이들의 모습과 비슷했다. '빨리빨리'를 빨리 배워야만 일당을 채우는 그들에게 분명 한국인은 부유한 상전이었다. 허기진 삶을 이어가는 새 동아줄이었다.
　'밀림을 만나면 밀림을 개척하고 광야를 만나면 광야를 개간하고 사막을 만나면 사막에 우물을 파라.'는 중국 작가 루쉰의 글귀처럼 살아온 우리 선구자들의 숨결이 삼한의 강물처럼 도도하게 흐르는 이곳에서 나는 이국 생활의 고달픔을 위로받고 싶었다. 어느 로스쿨로 가는 길에서 언뜻 본 '도산 안창호 메모리얼 인터체인'이라고 쓴 표지판이 클로즈업되어 지워지지 않았다.
　내심 잘 왔다는 생각을 하면서도 두려움이 슬쩍슬쩍 길을 막았다. 사람 사는 곳이면 어디에나 희망과 절망이 반반인 것, 밟아서 지뢰밭이 되는지 축복의 땅이 되는지는 나의 노력과 마음가짐에 달린 과제였다.

이삿짐을 풀던 밤, 바로 위층에서 부부싸움을 하는지 술에 취한 남자의 목소리를 나는 잊을 수가 없다. 별이 총총한 밤하늘을 향해 배기가스처럼 뿜어대던 욕설, 내 고향 전라도의 신토불이 억양을 거침없이 토해내고 있었다.

쉬지도 않고 고래고래 질러대는 소리에 맞춰 이웃집 개가 대거리를 해댔다.

그날 밤, 나는 아이러니컬하게도 개 짖는 소리와 원색 찬연한 욕설을 들으며 모처럼 깊이 잠이 들었다.

그것은 문명이라는 이름으로 세계를 아삭아삭 씹어 삼키는 영어의 악센트도 아니고, 10번 프리웨이 위에서 듣던 '울려고 내가 왔던가.'의 회한에 가슴 치는 멜로디도 아니었다. 아직도 연탄 리어카가 땀을 흘리며 올라가는 산동네, 두부 장수 할아버지의 종소리가 아침을 열어주는 술렁거림 같은 것이었다. 하루도 조용히 지나가는 날이 없는 골목길도 멀리 떠나와 보면 따뜻함만 만져지는 것이 인지상정인 듯싶었다.

가주마켓의 주차장에는 갈 곳이 없는 할아버지가 비둘

기에게 모이를 주면서 놀고 있었다. 비둘기가 하늘을 날 때마다 고향 가는 길처럼 한없이 지켜보는 할아버지를 모두 '비둘기 할아버지'라고 불렀다.

"저 할아버지는 눈만 뜨면 이곳으로 출근을 한다."라고 개조한 드럼통으로 군고구마 장사를 하는 남자가 묻지도 않은 말을 했다. 외로움이 비듬처럼 부서져 내리는 목소리였다. 아직 늦더위가 기승을 부리는데 찬바람이 옷 속을 파고들었다. 나는 모국어의 변방을 서성이는 사람들의 쓸쓸함을 하나씩 카트에 담고 또 담았다. 마치 포만감으로 서글픈 풍경들이 지워지기나 할 것처럼 며칠 분의 장을 보았다.

비둘기 할아버지 말고도 많은 노인들이 즐겨 가는 곳이 벌몬에 있는 맥도날드 식당이다. 실외 의자에 모여앉아 고국 소식이 실린 신문을 들고 정치와 경제, 교육에까지 열을 올리며 한담을 나누곤 했다.

자식들을 따라 잘 왔다는 말들을 하면서도 고향 이야기만 하는 그들은 이미 역이민의 비행기를 타고 있었다. 나는 그곳을 '정자나무 그늘'이라고 부르고 싶었다. 고산자

김정호 선생께서 발바닥이 닳도록 걸어 다닌 산맥과 강물이 만나는 장소였다. 날마다 조선팔도의 말씨가 아무 경계도 없이 어우러지고 있었다.

 오늘은 '한국의 날' 축제가 있어 거리가 부풀 대로 부풀어 있었다. 민속 의상을 입고 춤을 추는 사람들과 북 치는 사람들 뒤를 이어 파룬궁의 행렬도 따랐다. 히스패닉 아이들이 태극기를 흔들며 퍼레이드의 꽁무니를 따라다니는 모습이 안쓰러웠다.
 코리안 드림은 해마다 가난과 풍요가 미묘하게 조화를 이루는 이곳에다 아름다운 무지개를 띄워 올리며 한 해를 경축한다.
 가주마켓 출입문 앞에는 노방전도를 나온 교회 사람들이 하나님 나라를 설명하고 있고, 저만치 행려병자인 듯싶은 젊은 여자는 차가운 벽에 기대어 허공을 보고 있었다. 무거운 겨울 코트를 걸쳤지만 몹시 추워 보였다. 신기루를 좇아 태평양을 건너온 여자는 숯검정처럼 다 타버린 모습이었다. 무엇이 남아서 고향 냄새가 가득한 이곳을 찾아

왔을까. 미처 놔버리지 못한 수구초심이 마지막 항심으로 남아 있었나 보다. 여자는 팡파르가 울려 퍼지는 창공을 보면서 민들레 홀씨처럼 하얗게 웃고 있었다. 오색풍선이 오로라처럼 여자의 배경을 따뜻하게 감싸 주었다.

갑자기 방향감각이 무디어 왔다. 길을 잃기 전에 나는 욕쟁이 아저씨의 아래층에 있는 내 거처로 가야 했다. 만발한 도라지꽃이 그려진 '고향산천'표 국제전화 카드 한 장을 사는 데도 시간이 걸리고 유턴 신호를 기다리는 데도 시간은 더디게 흐르고 있었다.

그 가을에 겪은 낭패

일본말로 니하쿠도카(210일)라는 말이 있다. 입춘부터 이백십일이 될 때 무서운 태풍이 온다는 말이다. 입춘은 2월 4일이니까 7개월 후, 그러니까 9월 초가 되는데 8월부터 9월 전후해서 우리나라에도 태풍이 자주 다녀간다.

여름은 조용히 왔다 가는 계절이 아니다. 여름의 끝자락에 약속이나 한 듯 태풍이 오고야 만다. 가볍게 올 때도 있지만 대개는 한바탕 전쟁을 치르듯 바다와 육지를 할퀴고 간다. 특히 바다는 태풍의 첫 번째 제물이다.

나는 바다가 아기 턱받이처럼 둘러 있는 아파트에서 20년째 살고 있다. 태풍의 조짐이 보이면 5월 보리밭처럼 출렁거리던 바다가 3D 입체영화 화면으로 바뀐다. 그럴 때마다 나는 야릇한 흥분과 전율을 맛보곤 한다. 태풍이 절정에 이르면 섬들은 물론 바다 자체가 보이지 않는다. 하늘과 땅의 경계도 가늠할 수가 없다. 우리 식구들은 태풍의 터널을 통과할 때까지 한마음으로 숨을 죽이며 기다린다. 영화 '사운드 오브 뮤직'의 가족합창단이 오스트리아를 탈출하는 장면처럼 긴장과 두려움의 순간이다. 바람소리가 잦아들면 태풍이 지나간 게 아니고, 우리가 태풍 속을 빠져나온 듯 안도의 한숨을 쉰다. 사람의 일생 가운데도 태풍이 더러 있지만 해마다 오지 않는 것은 참 고마운 천칙이다.

어느 가을 초입에 태풍 한 개가 한반도를 급습했다. 아니, 바닷가에 있는 우리 아파트를 정면으로 강타했다. 베란다 유리창이 깨지고 방 하나는 물바다가 되었다. 금방이라도 집안이 바람 풍선이 되어 공중으로 날아갈 것 같았다. 내게는 설상가상의 형국이었다. 태풍이 오기 얼마 전에 발목을 다쳐 깁스를 하고 있었기 때문이다. 넘어지지도 않았는데 복사뼈에 금이 간 것부터가 예사롭지가 않았다. 작은 변수가 큰 변수로 확대되는 나비효과가 이런 것일까? 내 운명은 잠자던 나비의 날갯짓부터 세팅이 된 것이 분명했다. '재앙은 싱글로 오지 않는다'라는 화불단행(禍不單行)의 단초 같게도 생각되었다. 하지만 비좁은 내 신변에 불행의 파장이 또 번질 곳이나 있을까 싶었다.

  건강검진을 받은 병원에서 전문의를 찾아가라는 소견을 받았다. 깨진 유리 파편들은 지인들이 와서 치워 주었지만, 난장판이 된 방은 손을 댈 엄두가 나지 않았다. 태풍 뒤에 펼쳐진 맑은 하늘은 가을을 앞당기듯 청명했다.

  나는 의사를 만나는 걱정보다 집수리에 대한 대책을 세우기에 마음이 급급했다. 인근에서 가장 큰 종합병원의 의사는 건강검진 결과표를 꼼꼼히 살피더니 골수검사를 제안했다. 한쪽 골반을 헤집더니 골수가 없다는 것이다. 멀쩡한 나는 지루하고 고통스러웠지만, 의사의 지시대로 다른 쪽 골반을 내밀었다. 나보다 더 고생스러워 보이는 의사는, 유전자 검사를 할 골수조차 찾지 못했다며 큰 병원으로 빨리 가보라고 했다. 안쓰럽고 미안한 얼굴이 마치 자기 탓인 듯 굳어 있었다. 형제들이 있는 곳이면 더 좋겠다는 고견도 내놓았다. 골수가 무슨 일을 하는 물질

인지 묻지 않는 내게 골수와 혈소판과 혈액의 관계를 자세히 설명해 주었다. 조금만 부딪쳐도 멍이 잘 드는 나는 의사의 말이 다 틀리지는 않는 것 같았다.

그러고 보니 내게는 '있는 것'보다 '없는 것'이 더 많다는 사실을 새삼 깨달았다. 남한테 있는 것이 부러운 적은 없었지만, 골수까지 없다고 하니 새삼 '없는 것'에 대한 느낌이 블랙홀처럼 아득하기만 했다.

그날 병원에서는 그리 큰 사건이 없었는지 간호사들이 나를 조심스럽게 힐끗힐끗 쳐다보았다. 나는 피에로가 된 듯 표정 관리를 하느라 여간 고생을 한 게 아니었다. 남편은 뭘 좀 아는지 안색이 창백했다. 그리고 결심을 굳힌 듯 아파트를 새로 고쳐서 새집으로 만들어야겠다고 했다. 나는 서울로 가야 하고 살림은 이삿짐센터로 보내야 하지만, 젖은 방과 깨진 유리창을 따로 궁리하지 않아도 된다는 사실이 반갑기만 했다. 속으로 쾌재를 불렀다. 위아래 층에서 내부 수리하는 것을 보았지만, "두껍아, 두껍아, 헌집 줄게 새집 다오" 하는 소원을 빌어 본 적은 없었다. 트라이앵글 콘셉트의 맞춤형 재앙 속에 이런 호재가 숨어 있었다니, 아파트의 황홀한 변신을 상상하니 목발도 내 발처럼 가벼웠다. 먹구름 뒤에 반짝이는 은빛에 나는 설레기 시작했다. 가을이 사박사박, 모래밭을 걸어오는 것처럼 더디게만 느껴졌다. 계절 감각도 잃은 채 남편은 집 수리를 시작하고, 나는 모 대학병원에서 다시 골수 검사를 받았다. 의사는 내게 '재생불량성빈혈'이라는 병명을 주홍글씨 대신 달아 주었다. 골수가 하나도 없다는 말을 들었을 때보다 마음이 더 착잡했다.

아파트 내부 공사는 한 달 가까이 걸렸다. 너무 낯설어서 초현실적인 공간 같았다. 어쩌면 내가 초현실 오브제로 엉뚱한 조형물이 아닌가 싶었다. 치질이나 변비 정도가 아닌데도 그런 객쩍은 생각을 하면 조금 재밌기도 하고 비통하기도 했다. 건강한 사람이 맛볼 수 없는 색다른 감흥이었다.

태풍이 오거나 가을이 되면 반드시 그때의 일이 생각난다. 탄력 있는 속도감과 트라이앵글 구조의 사건 전말 때문이리라. 심지어 수필 한 편을 쓰려고 해도 그 기억이 선명하게 떠오른다.

구두를 닦으며

 남편의 구두를 닦는다. 날마다 닦는 구두지만 오늘은 왠지 좋은 일이 생길 것 같은 예감에 손끝에 힘이 더해진다. 바닥이 드러나기 시작한 캥거루 구두약을 천에 묻혀 가죽을 문지른다. 사람의 피부에 영양 크림을 바른 것처럼 촉촉하고 부드럽다. 리드미컬한 손놀림으로 솔질을 하면 한쪽으로만 닳아진 구두가 절름절름 춤을 추어 박자를 맞추는 것 같다. 현관 바닥에 앉아 발을 구두 속에 넣고 천 양쪽을 당기며 광택을 낸다. 무사히 하루의 무게를 잘 견뎌 달라고 부탁이라도 하듯 아침마다 힘껏 구두를 닦는다. 채 몇 시간도 안 되어 뿌연 흙먼지를 뒤집어쓸 구두인데도. 수협 공판장은 거칠고 살벌하다. 몇 초 동안에 물건의 품질을 판단하고 가격을 걸어 다른 이들과 고도의 신경전을 벌여야 하는 남편의 직업은 건어물 중개인이다. 그래서 그에게서는 언제나 건조한 바다 냄새가 난다. 가끔은 해일이나 파도에 밀리는 난파선처럼 숨가쁜 고비도 있지만 바다는 어머니의 젖줄처럼 치유의 길을 열어주기도 한다. 그런 시간을 함께했던 구두 역시 흥건히 젖은 돛단배처럼 무겁고 힘들었던지 집으로 돌아오면 옆으로 쓰러져 누워 버리곤 한다. 그대로 두어도 누가 탓할 사람이 없지만 나는 한사코 세상 쪽으로 구두를 일으켜 세워 놓는다. 그런 나의 재빠른 행동이 어쩌면 남편을 조류가 급한 바다 한가운데로 내몰려는 몰인정한 처사 같기도 해서 주춤해질 때가 더러 있다. 내 구두는 그럴듯하게 닦아 본 적이 없다. 어쩌다 구두를 신고 외출을 해야 할 때는 걸레로 슬쩍 문지르고 나가면 그만이다. 지금까지 살아오면서 두 사람의 구두를 닦아 보았다. 오빠의 구두가 그중 하나이다. R.O.T.C. 장교가 된 오빠의 군화를 나는 반짝반짝 윤이 나게 닦아 가지런히 댓돌 위에 앉혀 놓곤 했다. 그리고 늠름한 사회인으로 잠시 우리를 행복하게 만들어 주었을 때는 더더욱 신바람을 내며 아침마다 구두를 닦아 오빠의 출근길을 밝혀 놓았다. 앞날이 너무 눈부셨던 걸까. 흠도 결도 없이 투명한 가을날, 스물아홉 살의 오빠는 위암이라는 병명으로 이승을 떠났다. 홀몸으로 여섯 남매를 키워온 어머니의 가슴에 대못을 박아 놓은 채. 장례를 치르고 난 후에도 오빠의 구두는 현관 한구석에 물음표처럼 놓여 있었다. 하나의 부호로 현관을 차지하고 있는 구두를 버리지 못한 것은 오빠의 자취를 지워버리는 일이 두려웠던 때문일까. 아니면 오빠의 죽음을 묵살해버리고 싶은 우리의 간절한 마음 때문이었을까. 정말이지 오빠가 홀연히 문을 열고 들어설 것만 같았다. 마지막으로 오빠의 구두를 닦아 주고 싶었다. 구두약 대신 눈물바람으로 닦아 놓아도 구두는 금방 신었다 벗어 놓은 것처럼 생생했다. 반짝이는 구두 속에서 오빠의 체온과 웃음과 목소리까지 튀어나오기라도 한 것처럼 식구들은 장례 때보다 더 서럽게 울었다. 남편의 구두를 닦을 때면 가끔 그날의 시린 우리 식구들의 모습이 스쳐가곤 한다. 내 영혼의 한 곳에 깊이 각인되어 몇십 년이 지난 지금까지도 또렷한

한 장의 흑백사진으로 되살아난다. 닦고 광택을 내야 할 것이 어디 구두뿐이랴. 몸과 마음은 물론 학문과 교양까지도 매일 닦지 않으면 때가 끼고 먼지가 앉게 마련이다. 하루하루 거울을 닦듯이 먼지를 털고 닦아야 하는데도 제대로 닦아 놓은 것이 하나도 없어 쓸쓸함만 더해 간다. 오빠의 구두나 남편의 구두를 닦는 것처럼 나 자신의 길을 열심히 닦았더라면 그들이 비록 먼지 묻은 구두를 신고라도 하늘을 오를 듯이 기뻐하며 나를 자랑스러워했을지도 모른다. 구두는 구두닦이에게 맡기고 네 자신을 닦으라고 말하고 싶었는지도 모를 일이다. 구두코에 입김을 불어가며 광택을 내다가도 그런 생각이 들면 나 자신이 참 한심해 보인다. 구두 닦는 손에 문득 힘이 빠지는 순간이다. 아무래도 나의 전생은 구두닦이 소년이었는지도 모른다. "아저씨, 구두를 닦게 해주세요." 폴란드의 피아니스트이자 정치가였던 파데레프스키가 미국을 방문했을 때, 보스턴역에서 기차를 기다리는 그에게 한 구두닦이 소년이 다가왔다. 꾸벅 허리를 굽힌 그 소년의 얼굴에는 구두약이 잔뜩 묻어 있었다. "꼬마야, 내 구두는 닦지 않아도 좋다.

그러나 네 얼굴은 좀 닦아야겠다. 얼굴을 닦고 오면 그 값으로 은화 한 닢을 줄 테니." 순간순간 내 마음의 거울을 들여다보게 하는 따뜻한 대화의 한 토막이다. 가을은 생각보다 빨리 깊어간다. 하룻밤 가랑비에도 노란 은행잎이 거리에 수북하다. 서로 사랑하며 살아갈 날들도 하루씩 떨어져 간다. 하산을 서두르는 고운 단풍을 보기 위해 사람들은 들뜬 모습으로 산으로 간다. 남편의 가을은 남도의 푸르딩딩한 바닷가에 불경기의 수심처럼 머물러 있다. 나는 남편의 옷과 신발에 묻어오는 마른 멸치 비린내를 가을 바다의 향기로 여기며 신발보다 더 낮게 엎드려 그의 구두를 닦는다. 하루치의 노역을 신고 타박타박 사막을 가야 하는 낙타의 등을 쓰다듬듯 가슴속의 얼룩과 주름살을 펴듯 정성을 다해 구두를 닦는다. 한바탕의 신바람까지 곁들여 닦은 구두 한 켤레가 햇살처럼 집 안팎을 환하게 밝혀 준다. 오빠의 구두가 내 기억 속에 아직 어두움으로 남아 있다면, 오늘 아침 내가 닦아 놓은 남편의 구두 한 켤레는 새로운 날을 시작하는 삶의 밝은 빛이 되었으면 좋겠다.

봄은 꽃신을 신고 온다

 봄이 저만치에서 오고 있다. 가느다란 빗속으로, 뿌연 황사 바람 속으로도 봄은 기어이 온다. 유난히 추웠던 겨울일수록 봄은 호들갑스럽게 온다. 발길에 차이는 돌멩이도 잠을 깨고 마른 강아지풀 줄기도 신명이 난다.
 무당벌레 한 마리가 봄의 롤러코스터를 타고 온 산을 감았다 폈다 하는 아찔한 봄날, 등산객들의 옷차림이 개나리 진달래보다 일찍 뒷산을 물들인다. 봄은 기다리지 않아도 온다. 꽃신을 신고 오는 봄도 있고, 목발을 짚고 오는 불편한 봄도 있다.
 지난봄은 내게 우중충한 회색의 봄이었다. 미국에 있는 딸아이가 감원 바람에 휩쓸려 일자리를 잃은 해였다. 다른 일자리를 알아볼 생각도 없이 일 년 이상을 그냥저냥 보내는 눈치였다. 한국에 와서 요리학원에도 나가고 치과 치료를 받기도 하는 것이 궁여지책으로 보였다. 반복의 나날을 아이스크림처럼 살살 녹여 먹으며 하릴없이 시간을 축내고 있었다. 옆에서 바라보는 나만 속이 탔다. 계절도 뒤뚱거리며 왔다 가는지, 언제 여름이 끝나고 가을이 왔는지 매듭도 없이 한 해가 갔다. '부모 속에는 부처가 들어 있고 자식 속에는 앙칼이 들어 있다'라는 속담을 위로 삼고 측은지심도 한몫 거들었다. 친구처럼 그동안 못 나누었던 회포도 풀었다. 하지만 무위도식하는 시간이 길어져 잠깐 쉬는 상황 하고는 판이했다. 참담하게도 잊고 있었던 잠언 같은 말들은 왜 그렇게 생생하게 떠오르는지, 마치 달리는 말에 채찍을 가하는 꼴이었다. '그대가 어떤 계급이나 어떤 환경에 처해 있어도 노동을 사랑하라. 일하는 것은 인간에게 주어진 운명이다.' '일하지 않은 자는 먹지도 마라.' '게으른 자의 허리는 악마가 자리 잡기에 가장 알맞은 장소다.' 애써 외면하고 싶은 말들이 옆구리를 쿡쿡 찔렀다. 딸아이가 알아야 할 말을 내가 총알받이가 되어 통증을 느끼는 것이었다.

 딸아이는 마치 누에의 잠을 자듯 조용했다. 섶에 올라가 누에고치를 짓고 누에똥을 누며 살았다. 사각사각 뽕잎 갉아먹는 소리처럼, 강물이 흐르듯 시간이 가고 나는 번데기가 성충이 되는 날을 기다렸다. 아무렇지도 않게 스치던 것들이 새로운 모습으로 보이기 시작했다. 꽃나무도 일을 하고 개미들도 일을 했다. 죽은 사마귀 한 마리를 끌고 가는 개미들의 행렬도 치열한 노동의 현장이었다. 딸아이만 자발적 유배지에서 넘어진 김에 쉬어가는 사람이었다.

 혹시 요즘 수가 증가하는 니트족이나 아닌지 걱정이 가지를 치기 시작했다. 백수는 취직하고 싶어서 면접 뺑뺑이를 돌거나 자꾸 떨어지면서도 공무원 시험 준비 같은 걸 하는 무직자다. 니트는 영어로 NEET(Not in Employment, Education or Training)라는 문자 그대로 무직 상태이면서 취업을 위한 교육이나 훈련을 받지도, 혹은 필요한 학문을 공부하고 있지도 않은 상태, 쉽게 말해 잉여인간이다. 취업 의사가 전혀 없다는 점에서 실업 인구에 포함되지도 않는다. 이 단어가 들어오기 이전에 이미 캥거루족이라는 신조어가 '백수'의 통칭이 되기도 했다. '니코니코 동화(우리말로, 생글생글 동영상)'에는 니트를 자칭하고 있는 사람들이 다수 상주하고 있다. 공주님이 니트가 되면 '니트 히메'라는 별명이 붙는다. 동화 속 니트들은 괴수들처럼 능력치가 출중하다. 능력이 있으면 일을 해야 하는데 시대의 흐름은 이런 니트들을 비스킷처럼 생산하고 우상화한다. 한때 일본에서는 니트끼리 "니트가 일하면 지는 거라고 생각합니다."라는 표현이 유행한 적도 있었다고 한다.

　이 시대 이전에도 니트들은 존재했다. 중국의 죽림칠현도 니트였다. 죽림에 묻혀 청담을 일삼았고, 영국 귀족들은 의사나 군인 같은 명예로운 의무가 없을 때는 늘 무직자로 있었다. 귀족이 노동을 않는 것이 계급상의 특권으로 여겼기 때문이리라. 이상의 '날개'의 주인공은 내가 본 가장 양심 없는 니트족으로 기억된다. 룸펜이라는 좀 지적인 백수의 분위기와 1920년대 식민지 시대상을 빼면 여지없는 니트다. 채만식의 '레디메이드 인생'과 현진건의 '술 권하는 사회'에서도 '룸펜'과 같은 단어를 니트와 비슷하게 쓴 듯하다.

 하나밖에 없는 내 딸아이가 이런 니트족의 일원이 되는 일은 없을 거라고 나는 믿었다. 지난 12월에 미국으로 돌아간 딸아이가 만 보 걷기를 꾸준히 하고 있다는 반가운 소식을 들었기 때문이다. 누에고치를 다 짓고 번데기쯤 되어 어깨가 가려웠을까. 꿈틀거림이 내게까지 전해졌다.

 움츠렸던 겨울의 습관을 고쳐보기 위해 나도 동네를 걷기 시작했다. 봄이 오려면 좀 더 기다려야 하지만, 봄을 앞당기고 싶은 조바심이 나를 밖으로 내몰았다. 봄은 정직하고 공평해서 모든 사람에게 한 장의 도화지를 나눠준다고 나는 늘 생각해 왔다. 한 해를 스케치하고 색을 칠하며 한 폭의 그림을 완성해야 하는 숙제물이다. 미완성이어도 그리는 흉내는 내어봐야 한다. 더 늦기 전에 딸아이에게 다른 공부에 도전해 보라고 권유를 해야겠다는 생각을 한다. 농가월령가의 3월령에 파종과 과일 접붙이기, 그리고 장 담그기는 일 년 농사의 밑그림이다. 카카오톡으로 3월령을 운치 있게 써 보내리라. 입춘과 우수가 지나고 있다. 아직 추위가 잔설처럼 남아 있지만 대기는 분홍색의 조짐을 보이기 시작한다. 혁명까지는 아니지만 죽은 줄 알았던 나뭇가지의 기지개 정도의 두근거림이 느껴지는 것이 수상하다. 이 봄이 그냥 오지는 않을 모양이다. 내 예감이 적중한 것은 이튿날의 일이었다.

 복직이 되었다는 딸아이의 전화를 받았다. 한 번도 들어본 적 없는, 급하고 들뜬 목소리였다. 나보다 더 길고 초조하게 보낸 딸아이의 마음이 한꺼번에 전해져 왔다. 내가 아침밥을 먹고 있을 때 딸아이는 오후 2시의 운동을 하면서 봄을 받은 모양이다. 그리고 숨 쉴 틈도 없이 그 봄을 내게 릴레이 하고 있다. 나는 봄을 잘 받았으므로, 지구에 봄을 나르는 메신저처럼 이 글을 쓰고 있다.

 봄이 오긴 왔나 보다. 그것도 꽃신을 신고 왔나 보다.

목단꽃으로 피고 싶다

 봄의 호명 소리에 맞춰 차례대로 꽃들이 피어나는 계절이다. 맑고 깨끗한 모습이 새 학기의 아이들 얼굴 같다. 홀로 피는 꽃도, 여럿이 피는 꽃도 당당하고 천연덕스럽다. 그 이름에 그 꽃이 핀다. 꽃은 봄의 상징이고, 봄의 은유법이다. 봄이 오기가 무섭게 피는 꽃도 있지만 느직하게 피는 꽃도 있다.

 어느 해인가, 김영랑 생가 마당에서 본 모란꽃은 지금도 내 뇌리에 한 점 판화로 남아 있다. 봄날의 말미를 장식하는 신명난 당굿이었다. 풍악과 절창이 어우러져, 일찍 피었다 진 꽃들의 자리와 봄 하늘을 채우고도 남았다. 모란의 계절이 되면 그날의 모란꽃 무더기가 그리워진다.

나는 목단꽃 이불 속에서 태어났고, 언니의 수틀에서 피어나던 목단꽃 옆에서 조잘거리다가, 혹은 졸다가 하면서 어린 시절을 보냈다. 아버지는 남새밭에 채소보다 꽃을 더 많이 심었다. 그 많은 꽃 중에서 목단은 내 기억 속에 아름다운 문양으로 새겨져 있다. '목단'이라는 소리마디가 정겨운 것은 사라진 옛집에 대한 단편들이 추억의 유전자로 남아 있기 때문인가 보다.

지역에 따라 꽃의 개화기가 다른 것은 즐거운 일이다. 우리 동네 벚꽃이 질 즈음에 선암사 쪽으로 가면, 상사호 길가에 벚꽃 가로수가 펼쳐진다.

벚꽃이 지고 나면 복사꽃 보러 월등에 간다. 마감하는 봄기운에 온 동네가 신열을 앓듯 붉게 타오른다. 인생을 철저하게 살지 못한 나 같은 사람일수록 계절의 운율에 춤을 추듯 곡예를 하고 다니나 보다. 어찌 보면 한 마리 자벌레처럼 봄날의 길이를 자질하는 학습의 갈래일지도 모른다.

꽃들은 내게 봄의 경전이다. 많은 것을 보고 배우게 하는 선생이다. 꽃을 선생으로 삼는 나는 나이가 들어도 학생처럼 팔팔하게 배우고 싶은 것이 많다. 우주의 섭리를 알고 싶고, 개불알꽃 같은 작은 꽃에서 선한 품성을 배우고 싶다. 나는 요즘 많은 선생님 속에서 살고 있다. 위키백과사전에 보면 선생이란, 학문과 덕망이 높은 사람이나 사회적으로 존경받을 만한 인품의 사람, 혹은 학예가 뛰어난 사람이나 관청의 전임자를 가리키던 존칭, 또는 경칭이라 쓰여 있다. 교육자에 한해서만 선생이라는 호칭을 붙인 것이 아니라 연장자나, 어린 사람이라도 학덕이 높은 사람에게는 함부로 이름을 붙이지 않고 선생이라 부른다 한다. 김구 선생처럼 학위나 장군 등의 지위가 없는 정치인이나 당나라의 국서를 명쾌히 해석하여 왕이 불러 준 강수 선생, 그리고 누구나 알고 있는 백결 선생을 생각하면 '선생'이라는 호칭은 벼슬을 능가하는 작위의 상위 개념이었던 것 같다.

  현대를 사는 사람들은 호칭에 상당한 부담을 가지고 사는 것이 분명하다. 상대방을 잘못 불렀다가는 어떤 불상사가 있을지도 모르니 극히 조심하는 눈치다. 오래전 다방 문화가 꽃을 피울 때다. 마담과 레지들은 남자 손님 모두를 '사장님'이라 불렀다. 지금도 백화점 남성복 코너에 가면 남자 손님을 '사장님'으로 불러 준다. 희끗희끗 흰머리가 보이기 시작하는 손님은 살뜰하게 '아버님, 아버님,' 하면서 며느리가 시아버지 부르듯 한다. 여성복 가게에서 내게 "어머님한테 잘 어울리는 옷이네요."라고 하면, 나는 상대방을 'you'로 일관하는 나라들이 정말 부럽다. 아이디어 공모라도 하면, 유능한 카피라이터가 부르는 사람이나 듣는 사람이 어색해하지 않는 공용어를 만들어 줄 것 같다.

갑자기 '선생님'이라는 호칭이 흔해졌다. 교사와 의사만 선생인 줄 알았는데, 미용실이나 피부 관리 숍에서도 직원들끼리 선생이라 부른다. 병원의 간호사도 선생님이다. 이름에 씨 자나 양자를 붙여 쓰는 것이 감정적 대우에 소홀한 느낌이 들어서인지도 모른다. 교회에 새로 나온 신자를 아무개 선생이라고 소개할 때도 참 무난한 호칭임을 새삼 깨달았다. 만만하고 도리에 어긋나지 않는, 개나리나 진달래 같은 흔한 꽃 이름처럼 친근한 느낌이 들었다.

생각해 보면 나도 여러 가지 호칭으로 불리며 살아왔

다. 결혼 전 직장에서는 프랑스 회사여서 내 성 앞에 '마드무아젤'을 붙여 주었고, 아이를 낳은 후에는 아무개 엄마로 불렸다. 아줌마도 되었다가 아주머니도 되었다. 지금은 글을 쓴다고 나대다 보니 뜬금없이 '선생님'이라 불러 주는 이도 있다. 내가 선생님이 되어 본 기억은 가물가물한, 오래전 이야기다. 서울 정릉에서 서울 생활을 시작할 때다. 개발하기 전의 정릉은 허허벌판이 발아래 펼쳐져 있었고, 산비탈에는 수녀원이 있었다. 나는 스무 살 나이로 초등학교 5학년 남자아이를 가르치는 과외 선생이었다. 그러니까 그 동네에서는 내가 지나가면 모두 나를 선생님으로 대접해 주었다. 국회의원을 은퇴한 할아버지도 나를 '선생님'이라 불렀다. 공부를 가르치는 시간보다 틈만 나면 밖으로 내빼는 아이를 잡으러 달리는 날이 많았다. 선생 값을 하느라 진땀을 뺐지만, 꼴찌였던 아이를 인근 중학교에 입학시키긴 했다. 그때 말고는 내가 선생의 자격으로 누구를 가르쳐 본 적이 없다.

  나는 무슨 호칭으로 살아야 하는지 가끔 궁금해진다. 누가 날 뭐라고 불러야 편할지부터 생각한다. 한두 사람은 나를 지난날의 호칭 그대로 부른다. 잠시 근무했던 사무실의 직원인데, 지금도 내게 '부장님'이라는 호칭을 쓴다. 언니나 아주머니라고 부를 수 없을 때 비장의 무기가 되어준 추억의 호칭이다. 문학하는 사람들의 모임에만 간신히 모습을 보이는 내게 '선생님'이라는 호칭을 붙여 작가 대접을 해 준다. 자격지심 때문인지 나는 피에로보다 더 쓸쓸하지만, 겉으로는 태연한 표정을 짓는다. 아니 못 들은 척하는 편이 더 방편다운 방편이다. 할머니나 아주머니나 무슨 여사라고 불러 주지 않는 것만 해도 고마운 일이다.

부르는 이름에 어울리는 꽃들이 사방에서 "저요, 저요." 하면서 손을 내민다. 호칭은 부르는 사람의 마음이고, 아름다움과 향기는 꽃의 몫이다.

'모란이 피기까지는 나는 아직 나의 봄을 기다리고 있을 테요'처럼 나도 나만의 봄을 기다린다. 뒤늦게라도 필 수 있다면, 농염한 모란꽃으로 피었으면 싶은 욕심이 생긴다. 아니 목단꽃으로 피고 싶다. 비단 같은 어감의 '모란'보다는 광목이나 옥양목 같은 '목단'이 내게 더 잘 어울릴 것 같다.

 꽃샘추위도 달아나고 봄의 가속도는 멈출 기미가 없다. 영랑 생가에서 "이 꽃은 '목단'이지 '모란'이 아니다."라고 동행한 선생님이 **빡빡** 우기던 생각에 봄날을 잠깐 놓칠 뻔한 봄날이다.

가을 파묘

비문도 축문도 없는 봉분이
가을 하늘처럼 철거덕 열린다

유골을 수습하는 사람은
푸슬푸슬한 흙 한 점도
가볍게 다루지 않고
아버지를 아버지답게 맞추는
유골과 가장 친한 사람

오늘은 아버지의 뼈를 모아
화장하러 가는 날
몸 없이 홀로 가는 아버지
흰 모자 흰 구두 신고 찍은 사진에
아직도 멋 부리고 사는 아버지

너무 가벼워
아버지의 살아보지 못한 생까지
부축해서 간다
가을이 기꺼이 같이 간다

회전초 생각

그전에 내가 미국 서부를 지나며
사막 한가운데서 쉬어갈 때
인디언 후손이라는 소녀에게서
원석 목걸이를 산 적이 있다

그걸 가만히 들여다보면
아름다운 유랑의 시절이 그립고
돌고 돈다는 이름 밖에는
아무것도 아닌 풀 생각을 한다
뿌리 없이 사막의 바람으로
제 몸을 구르며 살아가는 풀
가위 하나 들고 미국에 이민 간
우리 시누이 닮은 풀

살만한 데가 사막밖에 없는 회전초나

코로나 19에 죽은 우리 시누이나

이사를 해도 버리지 못하는 원석 목걸이 속에

인디언 전통문양으로 남아 있다

리모델링

　현관문을 열면 황금색 포인트 벽이 한눈에 들어온다. 모자이크된 모란꽃 화병이 화사하다. 마치 중국 황실의 벽을 축소해 놓은 것 같다.

　방은 방대로 색깔이 다른 벽지들로 도배가 되어 제각기 개성을 가진 공간으로 생기가 돈다. 깨끗하고 단정하고 아늑하다. 남의 집 같은데 내 집이 분명한 것이 구조 변경을 하긴 한 모양이다.

　새로 지은 아파트로 이사를 하고 도배 한 번 하지 않고 십 년 이상을 버텼다. 더 이상 집의 구실을 못 할 때까지 기다리고 있다가 어쩔 수 없을 때 손을 볼 심산이었을까. 나이만 들어가는 나를 방치하듯이 그렇게 무심하게 지내

왔다. 그런 날들이 아무 저항도 없는 웅덩이의 물 같아서 사는 것이 도무지 탄력이 없었다.

그러나 매사에 한계라는 것이 있는지 눈길 닿는 곳마다 짜증과 불평이 묻어났다. 외면하면 할수록 세월의 상흔이 마른버짐처럼 천장과 벽과 방바닥으로 퍼져 갔다. 집이나 사람이나 돌보지 않는 티를 숨길 수는 없었다.

참으로 난감했다. '적당히 도배만 할까?' '다른 아파트로 이사를 할까?' 하는 생각을 하면서도 남편과 나는 대책 없는 낙관 속에 안주하고 있었다.

지난가을은 내게 많은 일이 일어났다. 발을 다쳐 깁스를 했다. 엎친 데 덮친 격으로 태풍을 맞아 베란다 유리창 여러 장이 박살이 났다. 가을의 초입인데도 겨울처럼 을씨년스러웠다. 다른 집들에서는 부서진 창틀을 고치고 깨진 유리를 갈아 끼우느라 분주하게 움직였다. 우리는 새시를 해야 할까 유리창만 끼울까에 대해 좀 더 생각을 하고 싶었다. 그런 와중에 누군가가 나를 만찬에 초대라도 한 걸까. 마치 코스 요리가 순서에 따라 나오듯 병원에서 전화 연락이 왔다. 건강검진 결과 혈소판 수치가 낮아 정밀 검사 날짜를 받아 놓았기 때문이었다. 혈액 종양 담당 의사가 골수 검사를 받아 보라는 것이었다. '골수'라는 말은 듣기만 해도 으스스했다. 죽은 듯이 엎드려 내 몸에서 무언가가 뽑혀 나가는 느낌을 참으며 괜한 고생을 한다 싶었다. 한참 뒤에야 나는 내 몸에 골수가 없다는 사실을 알았다. 다른 쪽 골반 엉덩이뼈에서 골수를 찾아보기로 했다.

며칠 뒤 나는 또 납작 엎드려 골수 채취에 응했다. 살아 있는 것들이 타들어 가던 여름 어느 날이 떠올랐다. 정말 가뭄이 오랫동안 계속되고 있었다.

시집간 언니가 해산을 하던 해였다. 언니 집에는 옆집과의 사이에 우물이 있었다. 울타리가 우물 위를 거짓말처럼 반쯤 가리고 있었다. 나는 밤마다 잠도 자지 않고 물이 괴기를 기다렸다. 우물 속으로 달빛이 쏟아져 물이 괴면 반짝이는 수면이 나타났다. 나는 잽싸게 물을 길어 올렸다. 착하기만 한 언니는 옆집도 물을 써야 하니 그러지 말라고 했지만, 물 욕심에 눈이 어두워진 나는 몰래 일어나 조심스럽게 물통에 물을 채우곤 했다.

그날 바닥을 쓸고 가던 두레박 소리가 문득 내 뼛속 깊은 곳에서 들렸다. 내 몸에도 가뭄이 든 것일까. 가뭄은 하늘이 내리는 벌의 징조가 아닌가.

담당의사는 이번에도 골수가 없다고 했다. 유전자 검사를 할 수도 없다는 것이었다.

"이런 검사 결과라면 내게는 어떤 일이 있어야 합니까?"

너무 멀쩡한 내가 오히려 잘못된 것 같은 착각이 들었다.

"매일 수혈을 받아야 합니다. 그렇지 않으면 하루빨리 골수이식 수술을 받아야 합니다."

어느 도시의 암센터와 골수이식으로 이름이 알려진 병원 몇 군데를 추천해 주었다. 병명은 '재생불량성빈혈'이라고 했다. 백혈병 사촌쯤 될 거라고 누가 친절하게 알려주었다.

남편은 사색이 되어 인테리어 사장을 불러와 리모델링을 부탁했다. 엉거주춤하던 생각들이 매복한 적군을 만난 듯 맹렬하게 화살 공세를 퍼부었다.

이삿짐센터에 이삿짐을 맡기고 아파트 내부를 몽땅 뜯

어내는 공사가 시작되었다. 물론 서울 모 병원에다 진료 예약을 해 놓은 상태였다.

 말로만 듣던 리모델링을 한다니 꿈만 같았다. 내 몸과 마음의 부패한 것들을 다 들어내고 새것으로 바꾸는 것처럼 시원한 느낌이 공사가 끝나기도 전에 갠 하늘처럼 펼쳐졌다. 나는 목발을 짚고도 잘도 움직였다. 이유야 어찌 되었건 신바람이 났다. 남편의 마음은 까맣게 타들어 가고 있었음을 나중에야 알았다. 골수이식에 대한 걱정에 친정집에서도 비상이 걸려 모두 검사받을 마음의 준비들을 하고 있었다. 그때 우리는 골수 은행이라는 곳이 있다는 것도 상식으로 알아 두어야 했다. 이도 저도 안 된다면 나는 시한부 인생을 살아야 한다는데, 솔직히 고백하건대 나는 그런 아슬아슬한 생각은 꿈속에서도 떠오르지 않았다. 아무려면 나도 사람인데, 죽음에 이르는 절차가 있어야 하지 않겠는가. 집이라도 고쳐서 남은 시간을 기분 좋게 장식해 주려는 남편의 의도가 좀 웃기기도 했지만, 내가 죽을 수도 있다는 사실 또한 '아니다.'라고 잘라 말할 수도 없는 일이었다.

집수리 공사가 막바지에 이를 때쯤 예약 날짜에 맞추어 나는 세 번째 골수 검사를 받으러 서울로 갔다. 암센터에서 혈액암 환자들과 나란히 침대에 누워서 창밖을 보았다. 딱히 쳐다볼 만한 것이 없었다. 다른 환자들을 본다는 것이 미안하기 짝이 없었다. 그들은 항암 주사를 맞기도 하고 토하기도 했다. 고통 때문에 표정도 석고상처럼 굳은 채 누워 있었다. 그런데 나만 골수를 뽑느라 엎어져 있었다. 없는 골수를 내 목마른 두레박질처럼 깊고 간절하게 찾는지 이전보다 시간이 더 걸렸다. 만약에 내가 중병에 걸려 있다면 창밖으로 시선과 마음을 전할 나무 한 그루쯤은 정해 놓아야겠다는 꽤 낭만적인 생각을 하면서 통증을 참았다. 오진은 아니었다. 나는 거창한 병명 하나를 내 인생의 막판에 훈장처럼 달아야 했다. 이식 수술 같은 것은 들먹거리지도 않았다. 그 가물던 해에 우물 속에 조금씩 괴던 물처럼 내게도 골수가 아주 말라 있는 것은 아니었다.

리모델링한 지가 벌써 일 년이 되었다. 새 아파트처럼 벽도 천장도 바닥도 선명한 빛깔이다. 혈색 좋은 사람처럼 에너지가 괴어 있다. 나도 의사가 처방을 주지 않을 정도로 안정된 수치를 유지하고 있다.

'뺨 맞는 데에 구레나룻이 한 부조'한 것처럼 내 병이 집 수리에 한몫을 톡톡히 해냈다. 그러나 집을 수리했다고 다 편해지고 새로워지는 것은 아닌 것 같다. 남편의 비통하고 절박했던 마음이 아직 집 안 구석구석에 기도문처럼 박혀 있어 숙연해질 때가 더러 있다. 새 기분에 들뜨기만 했던 철없는 내 행동도 어느새 고쳐진 모양이다.

태풍의 계절

 바닷가 사람들은 태풍의 기척에 민감하다. 바다 저편에서 건너오는 바람의 냄새만 맡고도 태풍이 올 것을 알아차린다. 해녀들은 전복이 바위틈에서 해초를 듬뿍 껴안고 있으면 태풍이 올 조짐이라고 한다. 전복이 태풍을 예감하고 해초로 몸을 보호한다는 것이다.

 한 척의 폐선처럼 우두커니 바다만 보고 사는 나는 새해가 되면, 달력을 바꿔 달면서 물때를 짚어 보고 8월과 10월 사이는 '태풍의 계절'이라고 적어 놓는다. 횡액을 물리치는 부적처럼 빨간 글씨로 표시를 해 둔다.

 태풍에 대한 두려운 기억을 가진 사람들한테는 좀 미안한 일이지만 나는 태풍의 계절을 좋아한다. 올해는 몇 개의 태풍이 오게 될지 기상청의 예측도 귀 기울여 듣는다.

 지루하고 습한 여름 한복판이나 가을의 입구에서 한바탕 불호령을 치고 달아나는 태풍을 나는 은근히 기다린다. 피해도 많지만 지구를 이롭게도 한다는 태풍, 내 삶의 곳곳에도 태풍의 흔적이 남아 있다. 그 상처가 나를 아프게도 했지만 나를 여물게도 한 것 같다.

 태풍이 접근해 온다는 기상청의 예보가 나타나면 나는 반드시 그 일을 떠올리게 된다. 태풍 매미였는지 모른다. 그날은 아파트 관리 사무실에서 알리는 통보가 잦았다.

 "주민 여러분께서는 유리 창문을 꼭 닫고 스카치테이프를 창문에 붙여 태풍 피해가 없기를 바랍니다."

 말소리가 바람 소리에 묻혀 잘 들리지 않을 때까지 외쳐 댔다. 비상사태는 사람에게 친화력을 갖게 하는 묘한 구석이 있어 가족 간에 일어나는 어떤 불협화음도 사라져 버린다. 남편과 딸아이는 화분을 들이고 테이프로 베란다의 대형 유리창을 도배하며 비설거지하듯 분주하게 움직였다. 강아지는 야성을 되찾기는커녕 대거리 한 번 못해 보고 꼬리를 내린 채 비실거렸다. 방송국에서는 태풍에 대한 속보만 연이어 보도했다. 중심 기압이 얼마며 현재의 풍속과 앞으로의 진로 등을 설명할 때마다 우리는 두려움 반 흥분 반으로 바다의 기색을 살폈다. 바람과 빗줄기가 거세지면서 창문이 흔들리고, 풍선처럼 팽팽해져 우리를 공포에 떨게 했다. 아파트 여기저기에서 와장창 유리창 깨지는 소리가 들렸다. 가까운 섬들이 방파제 역할도 못하고 흩어져 떠도는 것이 난파선 조각처럼 가물거렸다. 태풍이 한반도의 남해안을 강타한다는 예보가 적중하는 순간이었다. 우리는 밖으로 나가야 할지 그대로 있어야 할지 갈피를 잡을 수가 없었다. 현관문은 바람의 무게 때문에 열 수가 없고 집안은 어느 구석도 안전한 곳이 없었다. 상식이나 지혜가 아무짝에도 필요 없는 순간에 할 수 있는 것은 한 마당 굿판이 끝나길 기다리는 것뿐이었다.

  어디선가 굉음이 들리고 그 소리가 피아노가 있는 딸아이의 방에서 난 소리임을 안 것은 한참 후의 일이었다. 방문을 열어 보려고 문고리를 비틀어도 열리지 않았다. 시가지를 향해 만들어진 베란다의 대형 유리창이 깨어져 방과 베란다 사이의 유리문까지 부서진 것을, 자물쇠 제조

공이 와서 방문을 열어 본 후에야 알았다. 방 한 칸이 물바다가 되고 유리 파편과 부러진 창틀로 목불인견의 참상이었다. 꽃무늬 커튼이 패전에 찢긴 깃발처럼 나뒹굴고 있었다. 태풍이 사귀(邪鬼)를 물리치려고 처용의 탈을 쓰고 신명나게 놀다 간 모양이라고, 나는 이왕 벌어진 일에 자포자기 삼아 사족을 붙였다.

태풍이 잦아들어 한숨 돌리는데 강아지가 보이지 않았다. 딸아이가 사색이 되어 이름을 부르자 안방 침대의 이불 속에서 고개를 갸웃 내밀고 있었다. 한숨 잘 잤다는 듯이 침대를 박차고 내려오는 모습이 얄밉기 그지없었다. 내가 강아지를 애지중지하지 못하는 까닭이 그런 영악함 때문이 아닌지 모르겠다.

해마다 태풍 예보가 시작되면 우리 동네 앞바다는 멀고 가까운 바다에서 달려오는 배들로 부산하다. 일렬로 늘어선 고깃배들이 만선의 꿈을 접고 후줄근한 모습으로 밧줄에 묶여 있다.

해안선이 완만하게 육지 쪽으로 휘어들어 정박하기에 좋은 어촌에서 나는 또 한 개의 태풍을 맞았다. 유리창에

테이프를 촘촘히 붙이는 일은 이미 이력이 생겼다. 편한 옷차림으로 저녁을 일찍 먹고 TV 속보보다 바람의 속도와 강도에 신경을 곤두세웠다. 태풍이 북태평양 고기압 가장자리를 따라 이동하는 만큼 한반도에 영향을 줄 가능성이 크다고 하는 보도가 있었기 때문에 우리는 어떤 재미있는 일도 삼가고 있었다.

 태풍이 부는 날 만큼은 형제간 싸움도, 부부 싸움도 없다. 시어머니 살아 계실 때도 태풍 부는 날에는 갈등도, 서먹한 기운도 없었다. 온 식구가 하나가 되고 평등해지는 집안 분위기가 아늑하기만 했다. 그 순간을 비웃기라도 하듯 빗나가는 태풍처럼 싱거운 것도 없다. 무사했구나 하는 안도의 표정 뒤에 숨은 재미없는 기분은 내색할 수가 없다. 이만하길 다행이라고, 만나는 사람들은 서로 인사를 나누지만 말투나 몸짓에서는 분명 아쉬움 같은 게 느껴졌다.

 아파트 경비원은 씩씩거리며 흩어진 나뭇잎과 잔가지를 쓸어 담으며 뭐라고 투덜거리는 것이 내게는 꼭 비켜간 태풍을 욕하는 것처럼 보였다. 그런 경비원 아저씨 머리 위로 하늘은 높고 푸르렀다. 나무들은 반짝이는 잎사귀를 펴 널고 새들은 그 위를 선회하며 고운 목소리로 노래했다. 배들이 빠져나간 해안에는 처분만 기다리는 폐선 두어 척과 갈매기들로 제 모습을 찾았지만 먼바다에서 밀려온 플랑크톤 나부랭이들이 지난밤의 소용돌이를 말해 주고 있었다.

 올해도 한두 개의 태풍이 올 것이다. 농사에는 해롭기 그지없는 태풍, 유리창을 박살 내는 태풍은 분명 두려운 계절의 현상이다. 하지만 바다도 가끔 깊은 곳까지 숨을 쉬어야 물속 환경이 정화가 된다는 말을 나는 뱃사람에게서 들은 적이 있다. 바다가 멍하니 하늘만 보고 있는 것보다 큰 바람이 한바탕 뒤엎어 주면 생기가 돈다는 말인지, 자연은 우리가 함부로 설명하기에는 너무 스케일이 큰 것 같다.

 혹여 그날처럼 드센 태풍을 만나면 나는 조신한 신부처럼 기다릴 것이다. 통과 의례를 치르는 의식이 끝날 때까지, 세마치에서 시작된 가락이 자진모리를 넘어 휘몰이로 솟구쳐 오르는 우주의 장단에 귀를 기울일 것이다. 나는 내 삶 속을 지나갔던 태풍도 그런 식으로 맞고 보내지 않았나 하는 생각을 해 본다.

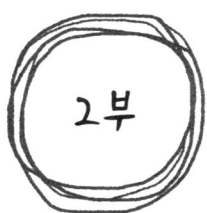

장날 소회

　올해는 봄도 참 힘겹게 온다. 며칠째 계속되는 미세먼지 때문에 바다 풍경도 말이 아니다. 가까운 섬들은 흐릿하게 보이고 먼 섬들은 아예 자취가 없다. 목련 나무가 봉오리를 열까 말까 망설이는 것도 미세먼지 수치에 민감한 반응을 보이는 것 같아 안쓰럽다. 산과 들이 있는 곳을 찾아가는 달뜬 나들이도 쾌청한 날로 미루다 우수와 경칩을 한참이나 지나고 말았다. TV에서는 먼지 틈새를 뚫고 새로 피는 꽃을 보러 가는 사람들을 앞세워 애써 봄소식을 전한다. 봄이 왔으니 나라고 방 안에서 몸을 사리고 있을 수만은 없지 않은가. 달력을 보니 마침 오늘이 장날이다. 오지 않는 봄을 사러 가기에 장날만 한 날이 있을까. 장날은 산천을 품고 있던 것들이 한자리에 모이는 날이다.

 나는 길일을 만난 듯 설레는 마음으로 장터를 돌아본다. 비좁은 철제 케이지에 토끼와 강아지와 오리들이 담겨 있다. 사람을 보고도 기척을 안 하는 것이 필시 앞일을 훤히 알고 있음이 분명하다. 주인은 양지바른 곳에서 땅콩 장수와 실없는 농담을 붙잡고 있다. 남도의 장날을 따라다니는 장돌뱅이 티가 역력하다. 사람들의 발길을 한번쯤 멈추게 하는 곳은 각종 꽃들과 모종이 늘어선 난전 앞이다. 꽃은 사지 않고 꽃 이름만 본다. 외래종이 태반이다. 색깔이 곱고 예쁘지만 왠지 쓸쓸해 보인다. 냉동 창고에서 열심히 일하며 고향으로 돈을 보내는 네팔 청년의 모습이 떠오른다. 흰 이를 드러내어 웃기를 잘하는 그 청년을 나는 가끔 우체국에서 본다. 대각암 댓돌 사이에 초롱초롱 피어 있던 금낭화나 애기똥풀 같은 우리 꽃은 외딴곳에서 만나도 전혀 외로워 보이지 않았다. 제 땅만큼 편안한 곳은 없나 보다.

 나는 꼭 사야 할 목록도 없는 장을 한 바퀴 더 돌고 난 뒤에야 부랴부랴 몇 가지 봄나물을 챙긴다. 백야도 앞바다에서 캐 왔다는 바지락 앞에서 우뚝, 키 큰 남자와 마주친다. 불시에 만나는 내 친구 남편이 한없이 반갑다. 식당이나 관공서에서 만난 것보다 더 반갑다. 친구의 안부를 물었지만 대답이 없다. 그의 귀가 전보다 나빠진 것을 뒤늦게 깨닫는다. 세상의 소음과 결별해 가는 그가 소년처럼 내게 손을 흔들며 멀어진다.

요즘 장날에는 신명을 돋우는 풍경이 없다. 뻥튀기 기계 앞에서 쌀자루를 들고 기다리는 사람도 없고 뜨거운 김이 나는 국밥집도 없다. 멀리서도 고소한 냄새가 나는 붕어빵 장수도 없는걸 보면 장에까지 허기를 달고 나오는 사람은 없는 것 같다. 그래도, 멀리 가지 않고도 계절 풍경을 읽을 수 있는 곳은 장터뿐이다.

쑥과 머위와 쪽파를 파는 사람들 중에 할머니들도 끼어 있다. 시골 할머니들이 돈맛을 알았는지 젊은 사람보다 영악해졌다. 필요한 양만 사려는데 지금 나오는 것은 보약이라고, 동료 할머니가 추임새까지 넣는다. 손자들한테 보내고 남아 할 수 없이 가져왔다는 더덕을 덥석 사 들고 와서야 중국산임을 알아차리고 씁쓸해하던 일이 생각난다. 하찮은 기억이 의외로 오래간다. 나이 들수록 구질구질한 생활의 단편들을 걸러 내는 기관도 약해지나 보다.

  검은 봉지의 개수가 늘어나면 자동차에 실어 놓고, 다시 처음처럼 장터를 훑고 다니는 재미가 쏠쏠하다. 남편의 식성을 생각하고 동생네 식구들의 입맛도 챙겨 가며 돌아다니다 보면, 나는 낯선 사물처럼 멀어져 간다. 내가 소외되고 나로부터 분리되었는데도 하나도 불안하지 않다. 내가 없는 것이 오히려 살아가는 데 편한 순간이 많다. 그래도 그렇지 내가 누구인가. 사람의 일은 물론 우주적 공사에까지 관여를 해 보는 시인이 아닌가. 꽃들의 말을 글로 풀어써서 보통 사람들을 갸우뚱하게 하는 재주를 타고나지 않았는가. 그럴듯하게 보이고 싶어서 무슨 문학상도 타 보고, 언감생심 꿈도 못 꾸던 시집도 한 권 내 보았다. 그러지 않았다면 누가 나를 그 고상한 무리에 끼워 주고 내 이름 석 자를 불러 주겠는가. 그렇다면 틈나는 대로 몇 줄 작문이라도 해 봐야 마땅하지 않을까. 수없이 자문을 하고 반성도 해 보지만 나는 장날이면 어김없이 장으로 간다. 닭똥이 묻은 계란을 사고 함부로 자란 푸성귀를 사 와서 부엌을 어지럽힌다. 글은 미세먼지 속 세상처럼 흐릿하고, 실물인 음식 재료는 선명하고 쉽다. 그리고 식구들은 내 글보다 내가 차린 밥상을 더 귀하게 여긴다. 그릇에 담긴 동물과 식물들에게 경의와 찬사를 보낸다. 나는 더 분발하고 싶어 오늘 대용량 에어프라이어라는 요리 기구까지 샀다. 내가 조선시대에 태어났다면 수라간의 나인이거나, 좀 더 출세했다면 기미상궁쯤 되지 않았을까.

장날은 사방의 에너지가 분주하게 거래되는 곳이다. 농촌과 도시의 경제가 기수역처럼 어우러진다. 새로운 고달픔으로 지나간 고달픔을 위로한다. 푼푼한 인심에 덤으로 얻은 봄 냄새가 장날의 정취를 스케치하기에 족하고 뻐근하다. 장날의 장터는 한달음에 스쳐 가는 문장이 아니다. 갖가지 재료를 손질하고 씻어서 한 끼의 밥상까지 도달해야 하는 여정이 기다린다. 맛깔나는 글 한 편도 이런 식으로 지어진다면, 놓았던 펜을 다시 잡을 수도 있겠다 싶은 당찬 각오를 해 본다. 떨이로 거머쥔 횡재 같다.

환절기

하루는 쉬고 하루는 놀면서
가을의 배후에 대해
막연한 댓글을 달아본다
터키행진곡 피아노 변주보다
빠르고 힘차게 댓글을 단다
보이지 않는 곳에서
청춘이 되는 것은 쉬운 일이다

오전에는 비가 와서
수척한 가을이 기침을 했다
독감 예방주사를 무료로 맞는
날짜까지 주는 좋은 나라지만
죽겠다는 사람이 더 많다
가을 끝자락을 붙잡고 관광지나

맛집을 찾는 사람은 그보다 더 많다

잠깐 계절이 없는 사이
치고받고 싸울 일도 없고
무슨 옷을 입을까 궁리도 없다
딱히 갈 데도 없는 내가 무연한 낯빛으로
다음 계절을 기다리는 수밖에

진자 언니

 올봄에도 미국을 다녀왔다. 관광 여행을 하기 위해 간 걸음은 아니고 내 손이 필요한 사람들이 있어서 할 수 없이 간 것이다.
 엘에이에서 세 시간 이상을 달려가면 시누이 부부가 사는 인디오에 닿는다. 인디오는 캘리포니아 팜스프링스와 솔턴 호 사이에 있는 도시다. 각양각색의 야자나무들과 인디언 보호 구역이 있는 코첼라 계곡이 아름다운 곳이다. 풀 한 포기, 나무 한 그루 없는 산에는 구름 그림자가 늘 드리워져 있다. 땅덩어리가 커서 산기슭 하나 건드리지 않고도 거대한 도시를 앉히는 나라에서는 공간과 시간을 건너는 일도 오래 걸린다.

해 뜨기 전부터 뒤뜰은 사부작사부작, 작은 것들의 하루가 시작된다. 지문도 없고 짐 보따리도 없는 새들이 당도하는 소리다. 새들도 나처럼 며칠 묵고 갈 작정인 것이다.

심장 마비로 세 번이나 쓰러졌다가 살아난 시누이는 요양 시설에 있었고, 남편은 의사로부터 운전 금지령을 받은 상태였다. 시누이는 "요양원은 죽기 위해 들어온 사람들이 태반이니 집으로 가야겠다."며 나를 보자마자 집으로 갈 채비를 했다. 한국인은 물론 동양인도 없는 요양원에서 시누이는 무척 외로웠던 모양이다. 시설도 좋고 동네 가운데 자리해 있어서 그리 삭막하지는 않은 것 같은데 요지부동 떼를 썼다.

어렵게 들어간 곳을 어렵게 나오는 데도 시누이의 극성스러운 성격이 한몫했으니 집으로 가는 길은 의기양양했다. 시누이는 나를 산소 호흡기보다 더 필요로 했다. 그것은 내가 만만해서가 아니라 자신의 말이나 행동에 대해 적절한 대응을 해 주기 때문이었다. 내가 타인에게 마음의 포만감을 채워 주는 재주가 있다니, 나도 모르는 나의 일부가 참인지 거짓인지 수상하기만 했다.

인디오의 날씨는 너무 더웠다. 우리는 핑계만 생기면 카지노로 갔다. 인디언 보호 구역이 있는 인근에는 카지노가 몇 군데 있었다. 식당은 기본이고 극장과 호텔이 있는 카지노도 있었다. 섭씨 40도의 더위를 피해서 가고, 맛있는 저녁을 먹기 위해서도 갔다. 식당은 늘 만원이고 극장에는 주말마다 쇼가 있었다. 인디오에서 갈 만한 곳은 사막 말고는 카지노밖에 없었다. 그곳에서 진자 언니를 만났다. 몇 년 전에도 카지노에서 만났으니 구면이었다. 시누이와 여고 동창이고 거문도가 고향이라고 했다. 진자 언니는 내가 보아온 노년의 여자들하고는 분위기가 달랐다. 차림새가 얼마나 특이한지 한국 사람 같기도 하고 아닌 것 같기도 하고, 노인 같기도 하고 젊은이 같기도 했다. 나이에 맞지 않는 치장을 했는데도 어색하지 않았다. 오히려 신선하고 유쾌한 기분이 들게 했다. 노랗게 염색한 긴 머리는 젊은 아가씨처럼 어깨까지 치렁했고 반짝이는 액세서리가 촘촘히 박힌 데님 드레스에 노란 스카프까지 목에다 둘렀으니 내가 국적과 나이를 가늠할 수가 없는 것은 당연했다. 푸치니의 〈나비부인〉처럼 희고 화사한 화장을 한 그녀는 인형극의 주인공 같았다. 그 후에도 진자 언니를 몇 번 더 만났는데 헤어질 때는 "밥 한번 먹자."라는 말은 잊지 않고 했다. 그 말이 참 쓸쓸하게 들렸던 이유를 지금도 잘 모르겠다. 사막의 바람 속을 떠돌아다니다가 오아시스라도 만난 듯 가늘고 마른 뿌리를 내리고 사는 진자 언니가 회전초 같다는 생각이 든 탓인지도 모르겠다. 텀블위드라는 그 풀은 사막의 바람 속을 빙글빙글 돌아다니다 생을 마감하는, 러시아에서 날아온 엉겅퀴다.

한낮의 무서운 열기로 냉방의 실내에서 한껏 풀이 죽은 우리는 또 저녁 한 끼를 해결하기 위해 카지노 식당을 찾아갔다. 공휴일이어서 극장에는 유명 가수의 쇼가 있는지 식당도 카지노도 시끄럽고 분주했다. 휴대용 산소 호흡기를 지니고 다니는 시누이는 교회보다 카지노에서 더 에너지를 얻는 것 같았다. 환자용 워커를 의지해서 걷는데도 나보다 빨랐다.

진자 언니는 벌써 게임 삼매경에 빠져 있었다. 가로로 분절된 릴들이 빠르게 작동할 때마다 숨을 죽였다. 기호의 조합이 멈추면 가끔 탄성과 괴성이 엇갈리곤 했다. 최고 단위의 베팅을 누르는 그녀가 내게는 멋져 보였다. 그녀의 살아온 내력 중에 승부를 놓고 내기를 건 순간이 얼마나 많았을까. 남편과의 이혼은 차치하고라도 두 자녀를 키워 독립시키고 미국인과 재혼한 일도 그녀의 승부욕이 작용한 것인지 모르겠다. 누구나 큰 문제 앞에서 머뭇거릴 때 승부수를 생각지 않는 사람은 없겠지만, 진자 언니는 더 과감한 패를 던지는 사람이었다. 거문도 처녀가 한 생을 건너와 사막 구석진 곳에서 내기를 하고 있는 모습은 이번 여행길에서 본 가장 인상적인 장면이었다.

"의사가 그러는데 나 얼마 못 산대."

환한 웃음 끝에 긴 울음 같은 말을 했다. 폐암 말기에 온몸으로 암이 퍼졌다는 말은 서너 발 떨어진 의자에 앉아 있던 남편이 어렵게 덧붙인 말이다.

하이쿠 작가인 쓰보우치 도시노리 씨의 글이 생각난다. 그의 아버지가 90세에 돌아가셨는데, 돌아가시기 이틀 전에도 온종일 파친코 집에 계셨다는 것이다. 말년의 취미로 고통 없이 사셨으니 위패 옆에 반짝반짝 빛나는 파친코 구슬 십여 개를 놓아드렸다고 했다.

카지노면 어떻고 요지경 속 같은 슬롯머신이면 어떤가. 진자 언니, 그녀는 이승도 저승도 아닌 별천지에서 놀이에 열중하고 있었다. 그녀의 온몸에 감도는 적막 속으로 죽음도 삶도 비집고 들어설 틈이 없었다. 먼저 간다는 우리를 보고 밥 한번 먹자는 말은 하지 않았다.

집으로 가는 길

〈집으로 가는 길〉은 장미정 사건을 토대로 제작한 픽션 영화다. 한국인 주부가 마약 운반범으로 프랑스 오를리 공항에서 체포되었다. 보석을 운반해 달라는 국제 마약 조직에 속아 다량의 코카인이 든 가방을 맡은 주인공이 2년 동안 먼 타국의 교도소에서 수감 생활을 했다. 재판에서 주인공의 마지막 대사는 "저는 집에 가고 싶습니다."였다. 억울함과 분노와 슬픔의 용광로에서 빠져나온 말이었다.

사람은 누구나 집으로 가고 싶어 한다. 집으로 가는 길은 가깝고도 멀어서 가고 싶어도 못 가는 사람들도 있다. 몇 년 전에 치매를 앓던 사람이 집으로 가는 길을 찾지 못해 인근 밭두렁에서 죽은 일이 있다. 마음만 집으로 가고 몸은 바람을 따라간 모양이다. 집을 버리고 나간 노숙자나 가출한 사람들도 꿈속에서는 집으로 가고 있을 것이다.

 빛을 가장 감동적으로 표현한 화가는 네덜란드의 렘브란트라고 한다. 고독과 궁핍한 생의 말년에 죽음을 목전에 두고 그린 그림이 〈돌아온 탕자〉다. 아버지에게서 유산을 미리 받은 아들이 술과 여자 등 방탕한 생활을 하다가 결국은 만신창이가 되어 집으로 돌아와 아버지의 품에 안긴 모습을 그린 종교화이다. 그림을 자세히 보면, 아버지의 눈에 초점이 없다. 하루도 쉬지 않고 눈물로 아들을 기다리다 짓물러 버린 눈이다. 그리고 아버지의 손은 양쪽 손이 서로 다르게 그려져 있다. 부드러운 어머니의 손과 아버지의 강인한 손이다. 용서와 치유의 상징으로 그려져 있다. 무릎을 꿇고 앉은 아들을 다시는 놓지 않겠다는 듯이 한 손은 지그시 누르고, 한 손은 따뜻하게 쓰다듬는 모습이다. 고난으로 얼룩진 렘브란트 자신의 영혼을 의탁하고 싶은 신의 품속임이 틀림없으리라. 〈돌아온 탕자〉는 성경의 '누가복음' 15장에 자세히 적혀 있다. 하나님을 멀리하고 세상의 쾌락과 유혹에 빠진 우리에게 죄를 묻지 않을 테니 빨리 돌아오라는 간곡한 비유의 말씀인 것을 나는 오래전에 읽었다.

  나는 가끔 집이 있어서 행복하다는 생각을 한다. 호화로운 아파트건 임대 아파트건 전원주택이건 나에게는 중요한 문제가 아니다. 남의 집에 세 들어 살던 단칸방도 내일 걸어갈 길을 생각하는 나의 둥지였다.

  하찮은 미물도 집으로 가는 길은 분주하다. 우리 아파트 반지하에 살고 있는 개미들도 해가 지기 전에 집으로 간다. 며칠 전 나는 놀라운 개미 행렬을 만났다. 인양된 난파선 같은 대형 사마귀를 끌고 개미들이 집으로 가고 있었다. 행렬의 보폭은 한결같고 일사불란했다. 개미들은 트랙을 관통하는 하이웨이 속도를 감추고 느리게 걸었다. 발과 발의 연결로 치밀하게 계산된 걸음이 마치 운구 행렬처럼 장엄하고 숙연하기까지 했다. 가본 길과 가보지 않은 길 사이에서 머뭇거리다 자주 되돌아온 길에서 뜻밖의 횡재를 한 모양이다. 매일 반복의 길 위에서 얼마나 많은 군침을 흘렸을까. 휴식과 축제의 시간을 위해서 개미들은 집으로 가는 길, 풍화되지 않은 그들만의 문명 속으로 서서히 걸음을 옮긴다. 터널과 땅굴 속에는 먹이를 저장하는 방도 있고, 알의 방과 애벌레의 방, 여왕개미의 방, 수개미와 번데기의 방도 있다고 한다. 사람이 사는 집보다 훨씬 진화된 구조인 걸 보면, 필시 빙하기를 기억하는 종족일지 모르겠다. 개미들이 노획물을 다 운반할 때까지 나는 그 자리를 뜨지 못했다. 개미집 퇴치를 위해 반상회를 연다는 통보를 받았지만, 나는 가지 않았다.

 지금도 나는 집으로 가는 길이 설렌다. 읽다 만 책들이 흩어져 있고, 급히 씻어 놓은 그릇들이 봉분처럼 엎드려 있는 집, 불평과 짜증과 권태가 고여 있어도 내게는 이 세상 어디보다 쉽고 만만한 곳이다. 전화벨이 울리고 숟가락 딸그락거리는 소리가 나고, 세탁기 돌아가는 소리가 들리는 집, 월말이 되면 잊지 않고 고지서가 날아들고, 위아래 집으로부터 약간의 소음이 들린다. 귀 기울여 보면 너나 나나 사는 것은 일반이다. 가끔은 적막을 깨트리는 소리가 반갑기도 하다. 그 힘이 하루를 들어올리기도 한다.

　호스피스 병동에서 임종을 앞에 둔 지인이 의식이 돌아오는 순간에 더듬거리며 하는 말은 "집에 가고 싶다."였다. 햇살과 구름과 비와 바람으로 얼룩진 〈집으로 가는 길〉이 이승의 길 중에서 가장 아름다운 길인 것을 새삼 알겠다.

외발 갈매기

 새로 솟은 태양이 잔잔한 바다의 잔물결 위에 금빛으로 반짝이고 있었다. 해변으로부터 좀 떨어진 바다 위에서 고깃배 한 척이 물고기를 모으기 위해 밑밥을 물속으로 던지고 있었고 아침 먹이를 찾아 나온 갈매기 떼에게 전하는(우두머리 갈매기의) 전달이 허공중에 빛처럼 번쩍이자, 이윽고 수많은 갈매기가 이리저리 날며 서로 다투면서 먹이 부스러기를 쪼아 갔다. 바쁜 하루가 또다시 시작된 것이다.

 《갈매기의 꿈》을 쓴 리처드 바크는 여수를 다녀간 적도 없는데, 우리 동네 가까운 어항 단지와 어시장이 붙어 있는 여수 앞바다 풍경을 그대로 적어 놓았다. 바다가 사람을 먹여 살리는 항구나 섬은 어느 곳이든 아침 풍경이 비슷한 모양이다.

나는 바다가 보이는 아파트에서 온종일 바다를 보고 산다. 차를 타고 달려도 바다가 옆구리에 달라붙고, 걸음을 걸으면 발부리에 바다가 넘어진다. 바다 주변에는 언제나 갈매기가 널려 있다. 오늘도 내 자동차 유리에는 갈매기 똥이 묻어 있다.

연전에 어느 사진작가가 선물로 준 아크릴 액자 안에도 아침 바다와 갈매기가 있다. 작품 전시회에 갔다가 비현실적인 물결무늬에 마음을 빼앗겨 시선을 옮길 수가 없었는데, 평소에 친분이 있는 작가가 전시회가 끝나자마자 우리 집 거실 벽에다 매달아 주고 간 것이다. 한쪽 발만 유난히 큰 물갈퀴가 달린 외발 갈매기 한 마리가 수면을 휘젓고 있는 모습이 전혀 위태롭게 보이지 않았다. 어디에서 어떻게 한쪽 다리를 잃었는지 뭉툭해진 무릎 부근의 근육은 단단했고 가슴은 망망대해와 창공을 품고 날았던 기운이 아직 남아 있었다. 있는 힘을 다해 펼치고 있는 두

날개는 고개를 갸우뚱하고 보면 거의 수평이었다. 자태로 보아서는 〈백조의 호수〉의 발레리나처럼 우아했다. 먹이를 찾고 있는지 저속 활공을 시도해 보는지, 그 모습이 시계의 속살을 들여다보는 정밀 기계공처럼 진지하고 숙연했다.

처음 내 눈길을 끌었던 오색 물결이 어시장 모퉁이에서 밤새 술손님을 받던 포장마차의 그림자라는 사실은 뒤에 안 일이었는데, 구태여 실상을 알리기 싫어 지금까지 입을 다물고 있다. 환상만으로 아름다운 것이 예술의 특권이라고 억지를 써도 괜찮은 것 아니겠는가.

나는 귀한 작품 한 점을 받고 가슴이 벅차 자주 갈매기 사진을 감상했다. 처음에는 외발 갈매기를 매일 본다는 것이 걱정도 되었다. 마치 장애가 있는 아이를 입양해 온 것처럼 조심스럽기까지 했던 것이다. 녀석은 각도를 달리해서 보면 무리에서 소외된, 어쩌면 왕따 당한 갈매기일 수도 있었다. 한번 날아보려고 안간힘을 쓰고 있는 애처로운 모습이 내 모습 같기도 해서 이런 시를 지었다.

선창에 고깃배 들고/바람도 햇살도 들뜨고//외발 갈매기 한 마리/서럽게도 혼자 남아/수면을 박차는 연습을 하고 있다/바다에 못질하듯 물이 튄다//물방울이 갈매기의 엉덩이를 슬쩍/밀어 올리는 찰나/재채기하듯 레이더에 걸려든/가장 서정적인 표정//지루한 벽에 그런 사진이/내 생의 탁본처럼 걸려 있다//

갈매기의 위용은 멋진 비상에 있다. 공중에서 비틀거리거나 속력을 잃는다는 것은 갈매기들에게는 수치요 불명예인 것을 외발 갈매기는 알고 있음이 틀림없다. 그래서 섣불리 날지 않고 다리 하나로 수면을 다스리는 법을 익히고 있는 것 같다. 수면이 제 것이 되어야 허공도 제 몫이 되는 이치가 사람 사는 세상과 다르지 않음을 내게 가르친다.

나도 갈매기처럼 날개를 퍼덕이며 날아간 곳이 있었다. 아메리칸드림을 꿈꾸며 태평양을 건너가 뿌리를 내려 볼 작정이었던 것이다. 1980년대 후반부, 당대의 가치를 긍정할 수가 없었던 나는 가방 하나를 들고 길을 나섰다. 먼

길이어서 가슴은 더 뛰었고 나는 미지의 세계를 더 높이 날 수 있을 것 같았다. 너무 높이 날려고 너무 멀리 보려고 무리를 했던 것일까. 여러 가지 이유와 변명들이 내게 유턴을 강요했다. 내 삶의 마디마디에 유턴으로 이어진 행보가 꼭 잘못된 것만은 아닌 것을 나는 잘 알고 있었다. 사막에 불시착한 비행사처럼 어린 왕자를 만났더라면 나는 그곳에 길들어졌을지도 모르겠다. 하지만 길들여진다는 것이 사랑과 일반인 것을 훗날 알았다.

  아무리 허둥대도 되는 일이 없이 시간만 흐른다. 산책이라도 다녀올까 싶어 한국화약 쪽으로 발길을 돌린다. 물론 바다가 따라오고 갈매기가 앞장을 서서 가는 한가한 길이다. 가다 보면 장례식장도 있다. 그냥 지나치지 못하고 입구의 처마에 달린 전광판을 올려다본다. 두 사람의 이름이 오르락내리락 전광판을 수놓고 있다. 장례식장에는 죽은 사람이 손님이다. 건너편에도 같은 업소가 있다. 자동차 몇 대가 있는 걸 보니 한 사람쯤 손님이 들었나 보다. 이상한 것은 한쪽에 손님이 들면 건너편 장례식장에도 손님이 든다는 사실이다. 사람은, 죽을 때 모르는 사람끼리라도 함께 가는 유대를 가진 것인지 모른다.

  그동안 무엇을 하고 살았던 걸까. 죽기 전에 한 번쯤 날아 볼 생각을 해 보기나 했을까. 다급한 물음이 생기는 것도 이 길에서 얻는 사색의 일부이다. 어디선가 '야오, 야오' 하는 고양이 울음소리 같은 괭이갈매기의 울음소리가 들린다. 내 안의 갈매기 울음소리 같다. 오직 먹고사는 일에 정신이 팔려 날아보려는 생각조차 하지 않았음을 자인하지 않을 수 없다. 날아오르기에는 너무 늦었다고, 날개를 퍼덕일 힘조차 남아 있지 않다고, 날개를 너무 오래 접고 있어서 관절염이 왔다고 엄살을 부리고 싶어진다. 물갈퀴는 이제 쇠퇴하여 쓸모가 없어졌다고 내 안의 갈매기가 속삭인다. 주저앉는 데 타성이 생길수록 외발 갈매기의 눈빛에 주눅이 든다. 혹시 사진 속의 녀석이 나를 더 안타까운 시선으로 훔쳐보고 있었는지도 모르겠다는 생각이 든다. 아무래도 나는, 더 이상 녀석을 '외발 갈매기'라고 부르지 말아야 할 것 같다. 오늘따라 당당한 모습이 바다의 하루를 제압하고도 남을 것 같다.

소소한 일상

 알람을 켜 놓지 않아도 어제 일어난 그 시간에 일어난다. 일상에 길들어진 몸이 눈보다 먼저 눈을 뜬다. 가뭄이 계속되는데 어젯밤엔 거짓말처럼 비가 다녀갔다. 잿빛 하늘이 무색할 만큼 적은 비였다. 하천과 저수지에 비누 거품처럼 둥둥 떠다니는 죽은 물고기와 누렇게 타고 있는 어린 모의 모습이 극한의 상황을 보여 준다. 아무리 기다려도 비가 오지 않던 내 스무 살 무렵이 생각난다. 여름이었다. 언니는 해산을 하고 피 묻은 빨래는 수북이 쌓여 갔다. 나는 밤마다 장독대 옆에 있는 오래된 우물을 들여다보며 물이 고이는 대로 두레박질을 했다. 바닥에 두레박 닿는 소리가 나는 것은 번들거리는 물비늘 때문이었다.

나는 새벽이 올 때까지 물 반 달빛 반을 퍼 올린 것이다. 하늘이 사람과 화해하기 싫은 때가 있는 모양이다.

　봄이 온 것이 어제 같은데, 꽃의 시절이 한창인 줄 알았는데 어느새 녹음의 계절이다. 힘껏 부딪친 일들이 시간이 지날수록 별일 아닌 것처럼 희미하다. 나는 어제의 중요한 일보다 오늘의 사소한 일에 더 열심이다. 그 사소함 속에는 사람도 있고, 나만의 은밀한 세계도 있다. 나는 아무 목적 없이 친해진 사람들을 사랑한다. 어쩌다 전화를 하면 어제 만난 듯 반갑고 다정한 것이 마음에 새겨진 오래된 음각 같다. 별말 없이 곁이 되는 일은 사소한 일 같지만 쉽게 얻을 수 있는 것은 아니다. 얻는 방법을 몰라야 받을 수 있는 축복이라는 것을 깨닫는 데도 시간이 오래 걸린다.

　매일 먹는 밥을 먹고 설거지를 하면서도 처음처럼 낯설다. 아침에는 컵부터 닦아 보고, 낮에는 밥그릇부터 씻어 둔다. 나는 수돗물과 내 손이 삶의 찌꺼기를 말끔히 헹궈 내는 것에 늘 감동한다. 죽는 날까지 하늘을 우러러 한

점 부끄럼이 없기를 바라던 윤동주 시인의 마음까지는 너무 높고, 나는 부디 죽는 날까지 내 손으로 밥해 먹고 치울 수 있으면 좋겠다는 생각을 자주 한다. 묘지의 봉분을 보면 밥그릇을 씻어 엎어 놓은 모습과 비슷하다는 생각을 하던 때가 있었다. 그렇다면 나는 매일 부활의 하루를 사는 셈이다.

가끔 TV 소리가 소음으로 들릴 때가 있다. 그럴 때는 가차 없이 전원을 끈다. 창밖에서 새소리라도 들리면 귀를 기울인다. 한 가지 소리가 아니고 여러 가지 음색이다. 나는 새들의 언어를 해독할 수가 없다. 그래서 새소리를 들으면 인간의 귀가 깨끗해지는 것 같다. 지금보다 나이가 더 들면, 눈도 귀도 어두워지는 날이 올 것이다. 너무 많은 것을 보고 듣는 것이 꼭 좋은 일만은 아니기 때문이다. 해가 지고 어둑해지는 풍경에 익숙해지다 보면, 마음의 시야에 또 다른 세계가 펼쳐질 것을 기대해 본다.

TV를 끄면 집이 넓어 보인다. 나는 내 집의 평수를 그런 식으로 넓혔다 좁혔다 하는 방법을 알고 있다.

길섶의 돌멩이도 그곳에 있어야 할 이유가 있듯이, 나도 살아갈 이유를 찾아 늦게나마 글을 쓰기로 한 것은 참 잘한 일인 것 같다. 글의 씨앗을 주워 내 안에 심으면, 머리와 가슴은 봄의 대지처럼 흙의 태반이 된다. 파랗게 돋은 싹을 A4 용지에 낱말과 문장으로 배열하여 글의 얼개를 만든다. 그때부터 내 심상과 어법의 전쟁이 시작된다. 어쩌다 쓴 글이 그리 신통치 않아도 끝까지 붙들고 퇴고를 한다. 그 순간이 제일 행복하다. 바람이 불어도 잡아채어 묻고 싶고, 구름이 지나가도 물음표를 날려 보낸다. 생산성은 없지만 일 중에 이보다 재미있는 일을 나는 아직 경험해 보지 못했다. 아마도 내 인생을 퇴고하고 싶은 간절한 마음 때문이 아닐까 생각한다.

나는 작은 나라에 태어났지만, 계절이 바뀔 때마다 갈 곳이 많다. 그리 멀지 않은 농촌 마을에 볼일이 있어 간 적이 있다. 경로당 마당에 경운기 한 대가 달달거리며 멈춰 서고, 아들인 듯싶은 젊은이가 연장만 들고 가 버렸다. 경운기 적재함 안에 늙은 호박처럼 앉아 있던 할머니가

서슴서슴 내려올 방편을 찾고 있었다. 석양 무렵이었고 가을이었다. 할 일 없는 내가 부축을 해서 내려 드렸다. 할머니는 발이 땅에 닿기가 무섭게 플라스틱 대야에 담긴 잘 익은 감 두 개를 내 손에 쥐여 주셨다. 딱 두 음절의 인사말이 지는 해보다 적막했다. 나이 든 사람의 가을은 아무 일 없어도 쓸쓸한 계절이다.

  나는 오늘도 무엇을 먹을까 무엇을 입을까를 생각한다. 주말에 복숭아 농장을 가기로 한 약속은 나를 들뜨게 한다. 오후 4시 전에 우체국에 가서 빠른우편 하나를 부쳐야 한다. 월말이 가까웠으니 도시가스 계량기 숫자도 옮겨 적어야 한다. 소소한 일상이지만, 달력의 날짜 안에 아무렇게나 흘려 쓴 메모를 보면 미묘한 움직임이 들어 있다. 유한한 세상에서 무한한 순환을 하며 날마다 원위치로 돌아가는 내가 보인다. 소소한 일상과 내가 시소를 타는 것 같다.
  "행복이란 무엇인가-살고 있다. 그것만으로 충분하다." 라는 임어당의 글귀가 생각나는 날이다.

복사꽃 피면

 엊그제 장례식장에 문상을 갔어. 한낮이어서 조문객은 보이지 않고, 입구에 근조화환들만 마치 열병식 하는 장병들처럼 서 있었어.

 그 숫자가 얼마나 많은지 셀 수도 없었어. 언제부터 꽃이 사람의 기쁨과 슬픔을 대신했을까. 꽃의 피고 짐을 보며 인생의 유한함을 깨닫던 시대는 가고 요즘은 꽃의 쓰임새가 많아져서 아예 산업으로 자리를 잡아가고 있어.

 사람들 취향에 맞춰 피는 꽃들을 보면 너무 현란해서 본래의 제빛을 그대로 간직하고 있는지 궁금해. 그래도 꽃은 고운 것이어서 사람의 마음을 부드럽게 만드는 일등 공신임에는 틀림이 없어. 사는 일이 모래알 씹는 것처럼 깔끄럽다가도 꽃을 보면 자연스럽게 미소가 피어오르거든.

 나도 딱 한 가지 꽃에는 미친 듯이 뛰어가는 버릇이 있어. 복사꽃이라고, 옛날부터 귀신을 쫓는 신장(神將)으로 써온 단단한 복숭아나무가 봄이면 열꽃처럼 피워 올리는 꽃이지. 그 꽃이 환장하게 좋아서 꽃 피는 날짜를 알아 두었다가 달려가서 보고 오지. 복사꽃은 벚꽃보다 조금 진한 분홍색을 지닌 것이, 마치 속 깊은 봄의 정령 같지.

 다행히 그리 멀지 않은 곳에 복사골이 있어. 복사꽃이 동네를 환하게 밝히는 봄날이면 산도 길도 꽃에 묻혀 나는 늘 길을 잃곤 해. 삶이 너무 어둡거나 밝아도 갈 길을 찾지 못하던 젊은 날처럼 말이야. 그런 날엔 나는 꽃향기에 취하고, 골목마다 촐랑거리는 동네 개도 경운기 딸딸거리는 소리도 한 잔 술에 취한 듯 휘청거리곤 하지. 문득 가슴에 구멍을 내며 불쑥 떠오르는 시가 있어.

 '복사꽃 피고/복사꽃 피고/뱀이 눈 뜨고/초록 제비 묻혀 오는/하늬바람 위에/혼령 있는 하늘이여/피가 잘 돌아..../아무 병 없으면/가시내야. 슬픈 일 좀/슬

픈 일 좀 있어야겠다.'

 미당의 시인데, '봄' 한 철을 짧은 몇 줄로 풀어놓은 것이 마치 동편제, 서편제를 달인 한약을 삼베 보자기에 싸서 질끈 짜 내린 소리 같지 않아?
 복사꽃만 보면 멀쩡한 나도 어디가 아픈 것처럼 무단히 숨이 차올라 나는 이 시를 복사꽃 그늘에서 주술처럼 외웠어. 그러고 나면 봄이 얼마나 찬란하고 또 서글픈지 세월도 나도 다 봄볕에 흐물흐물 녹아내리는 것 같았지.
 검푸른 여름 숲에서 매미들이 소련제 기관단총 소리를 쏟아내는 8월이 되면 나는 또 잊지 않고 복사골로 가곤 해. 골골마다 복숭아가 무르익고 그 향기가 사방 몇 십 리로 퍼지면 그곳이 바로 무릉도원 아니겠어. 복숭아 농사가 동네 하나를 거뜬히 먹여 살리는 모습에 염천의 땡볕도 꼼짝없이 항복을 하고 말아. 복숭아 팔아 애들 공부시키고 시집 장가보내고 산다니, 그만하면 잘 사는 거지 뭐. 때를 놓치지 않고 농장 앞 길섶에 복숭아를 수북이 쌓아 놓고 팔고 있어. 사람들이 복숭아를 한 아름씩 사 가는 광경을 보면 문득 생각나는 사람이 있어. 오래전 복사꽃처럼 예쁜 새댁이 인근 섬에서 시집을 왔는데 당장 먹고 살 일이 아득했나 봐. 막일하는 남편의 벌이가 시원찮았는지 복숭아 장사를 나섰다는 거야. 머리에 복숭아 함지를 이고 이곳저곳 다니다가 어느 양장점 앞에서 걸음을 멈췄어. 더운 날씨 때문에 한산한 상가에서 젊고 예쁜 여성을 만났으니 얼마나 반가웠겠어. 다가가서 복숭아가 참 맛있으니 사라고 했겠다. 거들떠보지도 않는 젊은 여자에게 두 번 세 번 머리를 조아렸지만 눈길 한 번 주지 않더라는 거야. 속은 물론 자존심은 또 얼마나 상했겠어. 그래도 객지니까 남의 눈 의식할 걱정이 없었던 게 유일한 생존의 키보드였겠지. 다음 날은 혹시나 하는 기대도 생기고, 한편으로는 오기도 생기고 해서 또 찾아갔대. 유리문을 열고 문 가까이 서 있는 여자에게 복숭아를 들이대며 사정을 했나 봐. 그래도 기척이 없어서, '도시 사람들은 대답하기 싫으면 저렇게 꼿꼿이 서서 한 군데만 쳐다보나 보다.' 하고 셋방으로 휑하니 돌아와 목을 놓고 울었다는구먼. 그 냉정한 도시 여자가 바로 마네킹이라는 물건이더라고 살만해진 어느 날 내게 털어놓았어. 웃을 수도 울 수도 없는 그런 경험담이 한두 가지가 아니었어. 아주 오래전 이야긴데, 복숭아 철이 되면 기억의 울타리를 슬쩍 넘보다 가곤 해. 집을 사서 이사를 간지도 몇 해가 지났지. 그리고 그녀가 암으로 세상을 떠났다는 소식을 들었어. 그녀의 생이 주마등처럼 스쳐 갔어. 누구나 꽃다운 한때가 있는데, 그녀의 한때는 마네킹에게 복숭아를 팔아보겠다고 애걸복걸하던 그때가 아니었나 싶어. 풀꽃 같은 생을 붙들고 하루를 여과 없이 피워 올린 그 순수와 열정이 지금 내 가슴속에 복사꽃보다 화사한 색조로 번지고 있어. 그렇게 빨리 갈 줄 알았으면 복사꽃 구경이라도 함께 올 걸 그랬어. 꽃구경이란 게 너무 늦어도 안 좋고, 너무 빨라도 안 좋은 거지만, 타이밍이 문제가 아니고 마음이 너무 멀리 있었던 게지.

올해는 복숭아가 풍년이라는데, 나무마다 주렁주렁 매달려 있는 모습이 마치 조등을 걸어 놓은 것처럼 환해.

내년에도 어김없이 복사꽃은 피겠지. 복사꽃 피면 봄이 호명하는 이들에게 너무 늦지 않게 오라고 기별을 해야겠지.

문(門)

 바깥세상이 궁금하지 않을 때가 있다. 만날 사람도 없고 볼일도 없는 날들이 며칠 계속되면, 마음의 문까지 닫아 버린 것처럼 절해고도를 경험한다. 발코니에서 내려다보이는 풍경도 몇 년 전이나 다름이 없어서 지루하고 권태롭다. 시골 비슷한 지방의 살림살이지만 남의 집에 함부로 가거나 섣불리 사람을 부르거나 하지 않는다. 친구는 물론 자매라도 용건 없이 전화를 하는 날에는 그렇게 할 일이 없느냐는 소리를 들을 것이 뻔하다. 사람과의 소통에서 오는 피로감보다 혼자 노는 짜릿함을 즐기는 것이 좋은 날도 있다. 그러나 혼자 밥을 먹고 혼자 저무는 집은 사람이 있어도 빈집의 적막을 닮아 간다.

문밖에서 기다림을 배운 적이 있다. 할머니는 사립문 밖에서 딸을 기다렸고, 어머니는 대문 밖에서 딸을 기다렸다. 그리고 나는 철제 현관문 밖에서 딸을 기다렸다. 늦은 시간에 자식의 귀가를 고대하는 부모의 마음은 문안과 문밖이 참으로 먼 거리이다. 문밖에서 누군가를 기다리며 서성이는 간절한 마음이 젖줄처럼 흐르던 시간이 있었다. 휴대폰으로 온갖 주술을 부리는 요즘 아이들에게는 물려줄 수 없는 아름다운 유산이다. 나는 오늘 누구를 기다릴까. 아이는 다 커서 제 길로 갔고 우편배달부는 편지함에 청구서 나부랭이만 던져 놓고 가버린다. 고요가 쌓일수록 선명하게 보이는 것은 늙어가는 내 모습뿐이다.

 문득 이웃집 안부가 궁금하다. 나는 엘리베이터 안에 남아 있는 스킨 냄새나 향수 냄새에 상당히 민감한 편이다. 몇 층에 사는 사람이 방금 외출을 했는지 쓸데없는 짐작을 하곤 한다. 아파트 주민이란 낯이 익어도 낯설다. 그래도 밤이 되면 건너편의 불 켜진 창이 따뜻해 보인다. 언젠가 거실에서 열심히 에어로빅을 하는 모습을 본 적이 있다. 그런 날은 아파트 전체가 화려한 무대 같다는 생각을 한다. 나도 내 삶의 어떤 부분을 남에게 들키고 나면 외로움이 사라지려나. 창틀에 예쁜 꽃이라도 놓아둘까. 아니면 고운 색깔의 커튼을 달아 볼까. 지금 누군가가 내 창문의 어른거림을 따스한 시선으로 바라보고 있을지도 모른다. 생각을 따라가 보면, 어렸을 적의 우리 동네 사립문과 낮은 울타리가 떠오른다. 늘 반쯤 열려 있어서 아무렇게나 들어가도 괜찮았던 마당에는 꽃들과 푸성귀가 지천으로 자라고 있었다. 어린 나에게 야들야들한 상추를 안겨 주시던 옆집 아주머니가 지금까지 기억에 남아 있다. 나는 〈옆집〉이라는 제목의 시에다 '생애 처음 가출을 하고 달려간 가장 멀고도 따뜻한 나라였다'라고 썼다. 날마다 다 아는 안부를 묻고, 고만고만한 살림살이를 걱정해 주는 사람들이 살던 곳이다. 집집의 경계는 있었지만 마음의 경계는 없었다.

사람은 누구나 문을 열면서 하루를 시작하여 문을 닫으며 하루를 마감한다. 문을 열거나 닫을 수 없을 때는 이미 세상에서 할 일을 마쳤음을 뜻한다. 사후에, 업적이나 정신을 기리기 위해 만든 문은 오래오래 지상에 남아 있다. 충신, 효자, 열녀를 기리는 정문(旌門)과, 둥근 기둥에 붉은색 칠을 한 홍살문 앞에서 옷깃을 여미며 본 적이 있다. 또 좁은 문이라는 비유의 문도 있다. 천국으로 들어가는 문도 좁다는데, 미리 좁은 문을 경험하는 청년들이 많다. 입시의 문과 취업의 문은 물론 결혼의 문까지 편편치 않아 희망보다 절망을 먼저 배워 버린 젊은이들이다. 그들은 지금도 도서관이나 고시원, 혹은 좁은 방에서 이력서를 쓰고 있다. 인생의 벽 속에서 세상으로 나가는 문을 찾기 위해 노심초사하고 있는 것이다.

 영화 '해리포터'에서 고아 소년 해리가 '호그와트 마법학교'에 입학하기 위해 런던 킹스크로스역 벽을 뚫고 들어가던 장면이 생각난다. 세상의 벽 속에 문이 존재한다는 사실은 충격적이었다.
 "무언가를 간절히 바라지 않는 사람은 그 앞에 멈춰 서라는 뜻으로 벽은 있는 것이다."라는 랜디 포시 교수의 말이 나를 향한 따끔한 죽비 소리로 들린다. 매사에 족탈불급(足脫不及)이나 느끼며 멀쩡히 달려있는 문을 벽으로 만들 뻔했다. 어느새 내 삶의 표정을 닮아버린 문을 힘껏 열고 나간다. 사람들이 밖에서 집으로 돌아오는 석양의 시간이다.

외할머니의 붕어빵

　추억 속의 겨울은 언제나 따뜻하다. 오래된 추억일수록 온기가 그대로 남아 있다. 자주 꺼내 보지 않은 흑백사진 속에도, 배경이 된 벽이나 마루에 따사로운 햇살이 있다. 사는 일이 이도 저도 마땅치 않은 날은 나도 모르게 어린 시절의 한 모퉁이를 더듬더듬 찾아가는 버릇이 생겼다.

　엄동이었다. 동네 한가운데 있는, 호수보다 작고 웅덩이보다는 큰 연못에도 얼음이 얼었다. 아이들도 냇물처럼 시퍼렇게 얼어서 웃어도 우는 것처럼 보였다. 오빠는 인근 학교에서 내다 버린 나무 의자를 거꾸로 눕혀서 썰매를 만들었다. 의자 썰매에 나를 태우고 겨울 한복판을 쌩 쌩 달리면 동네 아이들도, 겨울바람도 길을 터주었다. 든든하고 따뜻했던 오빠의 등 뒤에서 세상 물정 모르고 한 시절이 퍼뜩 지난 것도 같다.

  지칠 때까지 놀고 싶지만 집으로 가야 하는 날이 있었다. 외할머니의 붕어빵을 사러 가야 했다.

  다시 붕어빵의 계절이다. 사람들의 왕래가 잦은 길모퉁이에 일 년 내내 붕어빵 부스가 있었던 것 같은데, 내 눈에는 겨울이 되어서야 보이기 시작한다. 싸한 바람결에 붕어빵 익는 냄새가 말길을 멈추게 한다. 구태여 사지 않아도 나는 그 앞을 그냥 지나치지 못한다. 어김없이 내 어린 시절의 한 부분이 생각나고, 외할머니의 적막한 시간을 염려하던 어머니의 마음이 이제야 제대로 읽어진다. 외할머니를 떠올리기에는 너무 많은 세월이 흘러가 버렸다. 내게도 외할머니가 계셨는지 모르다가도 붕어빵을 보면 외할머니의 존재가 확실히 떠오른다. 외갓집은 우리 집과 아주 가까운 곳에 있었다. 별로 크지 않은 동네여서 큰 기와집이 더 크게 보였다. 외삼촌의 살림살이가 기울어질 때쯤인가, 근방에 있는 15 육군병원의 군의관 장교가 식구들을 데리고 아래채에 세 들어 살았던 기억이 난다. 내 또래의 경수라는 도시 아이는 카스텔라나 양갱을 먹었다. 나는 볼일이 없는데도 외갓집을 들락거렸다. 경수가 건네주는 양과자를 얻어먹을 수 있어서였다. 그보다는 내가 다른 애들보다 그 아이와 친하다는 걸 보여주고 싶었다. 경수와 친구가 되었지만, 동네 아이들처럼 많이 친하지는 못했던 것 같다.

그때만 해도 외할머니는 마루에 나와 햇볕 가운데 앉아 계셨다. 경수와 나는 나무 그늘에서 그림 숙제를 하곤 했다. 나는 몽당이가 된 크레용을 썼지만 경수는 일제 크레파스를 썼다. 좀 써도 된다고 해서 덧칠할 때 살짝 써보기도 했다. 바로 그때쯤 외할머니가 마루를 탕탕 치시는 동시에 손짓으로 우리를 불렀다. 높은 마루를 기다시피 올라가면 곶감이나 전병 같은 파삭파삭한 과자를 주셨다. 입이 합죽하고 은색 머리를 쪽진 외할머니는 경수 보는 데서 나를 쓰다듬거나 과자를 더 주시거나 하지는 않으셨다. 다행이었다. 외할머니와 어머니, 그리고 나의 내력에서 애써 찾아낸 닮은 점이라고 생각하면 따뜻한 물 한 잔 마신 것처럼 몸이 따뜻해진다.

 외할머니가 손수 방문을 여닫지 못하고 놋요강이 있는 방안에만 틀어박혀 사신 지가 얼마나 길었는지 나는 잘 모른다. 외숙모와 어머니가 번갈아 가며 외할머니의 방안을 드나들더니, 어느 날 외갓집 밭이 있는 구봉산 언덕으로 꽃상여가 요란한 선소리를 따라가는 걸 보았다. 외할머니에 대한 기억이 여기까지가 전부인 것은 쓸쓸한 일이다. 어머니 살아 계실 때 외할머니의 이야기를 하신 듯도 한데 귀담아들어 두지 않은 것은 순전히 나의 실수요 불찰이다. 그리움의 끈을 잘라버린 꼴이 되었다. 뚝뚝 부러진 그리움의 조각들을 애써 주워 보아도 외할머니의 붕어빵만 떠오른다.

 붕어빵은 맛이 있다. 외할머니의 붕어빵은 더 맛이 있었다. 천방지축 앞뒤 가리지 않고 뛰놀던 내가 가장 성실하게 책무를 다한 것은 어머니가 시킨 붕어빵 심부름이었다. 그중에서도 가장 뚜렷하게 남아 있는 기억은 비 오는 날 붕어빵을 사러 다니던 일이다. 신작로가 되기 전의 큰길은 비만 오면 질퍽거렸다. 15 육군병원으로 오가는 지프차가 가끔 흙탕물을 튀기며 지나다녔다. 유독 비가 오는 날에 어머니는, 입이 궁금한 외할머니를 위해 붕어빵을 사 오게 하셨다. 그 일을 내가 도맡아 했다. 길에서 태어나서 길엽이라는 이름을 가진 먼 친척 언니가 붕어빵 장사를 했다. 밀가루 포대 종이에 붕어빵을 싸주며, "꽉 보듬고 가거라." 하면 나는 "예"라고 대답했다. 가슴에 품은 붕어빵의 온기가 으슬으슬한 몸을 따뜻하게 해 주었다. 그리고 참기 어려운 고소한 냄새, 그것은 경수가 준 고급 과자와는 비교가 되지 않았다.

그때 그 냄새가 내 걸음을 붙잡고 있는 길모퉁이에서, 나는 먼 데 어머니 심부름 갔다 오듯 추억 속으로 들어간다. 어김없이, 햇살 바른 대청마루에서 붕어빵을 오물오물 씹고 있는 외할머니를 만난다.

비누 냄새

　매일 비누를 쓰면서도 비누 냄새가 그리울 때가 있다. 그것은 부르주아적 냄새여서 낯설고 차갑지만, 먼 나라에서 불어오는 미지의 숨결처럼 부드럽기도 했다. 소설가 강신재의 『젊은 느티나무』에 나오는 첫 문장에 "그에게서는 언제나 비누 냄새가 난다."는 구절을 부적처럼 새기고 다니던 고교 시절을 생각한다. 소설 속 주인공처럼 공부도 잘하고 운동도 잘하는 대학생이 아닌 빡빡머리 고등학생, 그에게서도 늘 비누 냄새가 났다. 나와 내 친구들은 비누 냄새 따위에 소설의 여주인공처럼 설렘을 갖지는 않았다. 가난이 아무렇지도 않은 것처럼 세련된 냄새나 겉모습에 관심이 없었다. 기껏해야 하굣길에 소년의 집 앞을 그냥 지나치지 않고 안을 엿보며 키득거리는 정도였다. 수돗가에서 웃통을 벗고 머리를 감고 있는 모습을 훔쳐보는 것만으로도 우리는 유쾌하기 짝이 없었다. 하얀 비누 거품이 머리통보다 크게 부풀어 올라 햇살과 어우러져 무지개 빛깔을 내기도 했다. 그 비누 냄새가 몇십 년이 지난 지금까지 좋은 향기로 혹은 역한 냄새로 변신을 되풀이해가며 나와 동행하는 사이가 될 줄은 몰랐다.

비누 냄새는 거품이 사라진 후에도 오래된 추억을 싣고 오는 향기로운 메신저 역할을 한다. 남루하고 어두운 추억 속에서도 무명 홑청처럼 훌렁 펼쳐보면 이루지 못한 꿈도 색이 바래지 않고 남아 있다. 그 빛 속에 아카시아 길과 벚꽃 나무 그늘과 바다를 지켜보던 나와 내 친구의 기다림이 있다. 우리는 기를 쓰고 영어 회화를 해보려고 외항선이 나타나기만을 기다렸다. 언덕 위에 있는 학교에서 내려다보는 바다는 알 수 없는 미래처럼 출렁거렸다. 커다란 배가 접안을 못 하고 바다 가운데 섬처럼 멈춰 서 있으면, 우리는 부두로 갔다.

그날 우리가 찾아간 외국 선박은 그리스에서 왔다고 했

다. 잉여농산물이나 잡화 같은 걸 싣고 여러 나라를 거쳐 왔다고 했다. 우리는 교복을 입은 채로 앉았다 섰다를 반복하며 큰 배에서 물건을 운반하는 작은 배 전마선을 기다렸다. 마침내 수염이 더부룩한 선장이 우리의 인사를 받아주고, 호기심으로 잔뜩 부푼 마음을 읽은 듯 배 구경을 해도 좋다고 했다. 영어에 무슨 자신이 있어서도 아닌데, 따로 통변도 없이 짧은 의사소통이 이루어진 모양이었다. 나는 이상한 나라의 엘리스가 되어 배의 이곳저곳을 구경하고 신기한 기계들도 만져 보았다. 앨리스의 꿈이 아닌 것은 폴라로이드 사진과 미국산 비누 때문이다. 몇십 년이 지난 지금도 내 친구는 그날의 사진을 간직하고 있고, 나는 럭스 비누 냄새를 잊지 않고 있다. 우리가 종선을 타고 돌아올 때 선장은 커다란 보따리 하나씩을 우리에게 안겨주었는데 그것은 전부 비누였다. 내가 니코스 카잔차키스의 『그리스인 조르바』를 몇 번이고 읽은 것도, 영어 회화를 어느 정도 구사할 수 있는 것도 그때의 일과 결코 무관하지는 않은 것 같다. 따뜻한 미소와 친절이 아직껏 보지 못한 바다 색깔처럼 가슴을 설레게 한 것일까. 참으로 재미가 없던 시절, 마법사 같은 선장과 한 보따리의 럭스 비누는 집과 학교와 헌책방과 비만 오면 질척거리는 거리에서 잠시 나를 풍요의 시간으로 데려가 주었던 문화체험이었다.

 잿물에 빨래를 삶던 시절이었지만 유일하게 무궁화 비누가 있었고, 동산유지공업에서 세숫비누로 다이얼비누를 내놓아 청결 문제에 그리 궁색스럽지는 않았다. 그러나 그리스인 선장이 안겨준 비누는 이국의 공기처럼 나를 다른 별자리로 데려가곤 했다.

 찰랑거리는 내 단발머리에서 향기로운 비누 냄새가 사라지는 시기였을 것이다. 하굣길에서 스치는 그 남학생의 행색 어디선가 색다른 비누 냄새가 내 코를 자극하기 시작했다. 내 코에 익숙한 비누 냄새보다 더 은은하고 상큼한 냄새였다. 요즘의 샴푸나 향수 같은 복잡한 향이 없었다. 오염된 공기가 없어서 나쁜 냄새 아니면 좋은 냄새가 쉽게 구별되던 때였다. 훗날 알고 보니 일본에서 형님이 가져온 비누였다고 했다.

 단순히 비누 냄새 때문은 아니지만, 오랜 시간과 곡절

끝에 그 비누 냄새의 남학생과 나는 부부가 되어 살고 있다. 비누 냄새보다 진한 생활의 냄새에 찌들다 보니 그 옛날 선명하던 비누 냄새가 그리워진다. 그런 날은 조용필의 「단발머리」를 불러본다. "그 소녀 데려간 세월이 미워라."를 후렴처럼 반복해 부르다 보면 금방 흰머리 염색할 날짜에 걸려 목이 잠긴다.

남편의 직업은 건어물 중매인이다. 아무리 좋은 비누로 씻고 출근을 해도 집으로 올 때는 비린 냄새를 달고 온다. 젊었을 때는 아무렇지도 않고 고소하던 냄새가 요즘은 역겨울 때가 있다. 하지만 비린 냄새가 많이 날수록, 나는 살맛 나는 나이가 되었다. 비누 냄새보다 실속 있는 냄새를 바다의 향기로 받아들일 만큼 영악해졌다.

그러나 소년에게서 풍기던 비누 냄새와 그리스인 선장의 선물 보따리에서 쏟아지던 비누 냄새는 지금도 때 묻지 않은 처녀성을 부여하는 청량제 역할을 하고 있다.

친구 생각

물이 파르르 끓으면
불을 끄고 6분 그대로 두라는
네 말이 아직도 귓가에 남은 계란 두 개

가을

청구서라도
내게 온 우편물이 반가운 황혼
지나가는 가을을 붙들고
귀뚜라미 안부를 묻는다

새벽

새들이 나뭇가지에서 사부자기 뛰어내린다
그 소리가 시끄러워 돌아눕는다

뷰포인트 Viewpoint

 본의 아니게 안경을 끼게 되면서 불편한 점이 한두 가지가 아니다. 운전 중 옆 차선을 돌아볼 때는 언뜻 기둥 하나가 스치는 기분을 떨쳐버릴 수가 없다. 특히 어둑해질 무렵에는 안경이 오히려 시야를 방해하는 물건처럼 거추장스럽다. 그럴수록 부지런히 안경을 껴서 몸의 일부로 받아들여야 하는데 하루에도 몇 번씩 벗었다 꼈다 하며 안달을 부린다.
 안경 때문에 시야가 달라져 자연의 확연한 빛깔을 놓치는 불이익을 생각하면 아쉽기 짝이 없다.

 내가 사는 아파트 앞길 언덕 밑에 아파트 두 동이 들어

섰다. 아직 분홍빛이 선명한 벽에는 갈매기 두 마리가 날갯짓을 멈추지 않은 채 그려져 있고 지붕에는 피뢰침이 수호천사처럼 서 있다. 바람이라도 세차게 부는 날엔 바다에서 막 건져 올린 빈 낚싯대처럼 비틀거리기도 하지만 아파트의 안전을 지키려는 기세는 늘 꼿꼿하다.

 아파트가 들어서기 전에는 앞바다 전체가 내 시야를 그득하게 채워 주었다. 물살을 가르며 떠나는 아침 뱃길은 낯선 세계로 향하는 나만의 그리움이었다. 그보다 더 자주 내 시선을 머물게 한 곳은 바닷가로 나 있는 길이었다. 마주 오는 자동차가 서로 몸을 움츠려 주어야만 오갈 수 있는 좁은 길이다. 10층 거실에서 내려다보면 둥근 포구를 감싸고 있는 것처럼 보이기도 하고 동네 하나를 바다로부터 보호하기 위해 바리케이드를 쳐놓은 것처럼 보이기도 했다. 베란다에 나와서 화초에 물을 줄 때나 빨래를 널 때마다 나는 일손을 멈추고 길을 내려다보곤 했다. 가끔 낚시꾼들이 다녀가고 아이들 머리 위로 갈매기가 거수경례를 붙이며 지나가는 길, 도시가 아무리 출렁거려도 그 길은 언제나 평화롭고 한가했다. 나는 〈일 포스티노〉에 나오는 지중해의 푸른 바다와 좁은 초원과 포장되지 않은 언덕길 같은 멋진 장면을 길 위에다 펼쳐놓곤 했다. 시인 네루다의 편지를 전하러 가는 마리오의 자전거 바퀴 사이로 은빛 물살이 흩어지는 풍경은 나를 하루 종일 경쾌한 기분에 젖게 했다. 덤으로 나는 네루다가 마리오에게 가르치려는 시의 은유를 나는 그 길에서 배우곤 했다.

무딘 시정(詩情)에 경치의 도움을 얻어 글 한 줄이라도 써볼까 하는 기대는 이제 접어야 할까 보다. 강산지조(江山之助)에 은근히 도도해진 마음을 죽비로 얻어맞은 기분이다. 아쉬운 마음에 베란다 끝에서 목을 빼고 내다보았지만 견고한 시멘트벽에 가려 그 낭만적인 길은 더 이상 볼 수가 없게 되었다.

세계 최대의 협곡 그랜드캐니언에 가면 여러 개의 뷰 포인트가 있다. 위대한 자연의 모습을 좀 더 자세히 볼 수 있는 곳에 위치한 전망의 자리이다. 그중에서도 최고의 경관을 볼 수 있는 브라이스엔젤 포인트와 사우스림의 야바파이 포인트가 관광객이 가장 붐비는 곳이다. 장엄함과 아름다움을 두루 보기 위한 장치인데, 시간대에 따라 달라지는 환상적인 모양과 빛깔의 감상은 짧은 일정으로는 엄두도 못 낼 일이었다. 나라마다 적절한 장소에 전망대를 세워 신이 만든 세상과 인간의 업적까지도 두루 살피게 하는 것은 사람들에게 많은 교훈과 감동을 주기 위한 배려의 문화라는 생각을 한다.

나는 유달리 시각의 만족을 채우는데 염치를 차리지 않았던 것 같다. 영화관에서도 가장 좋은 자리가 아니면 앉기가 싫었다. 기차나 버스에서도 창가를 차지해야만 직성이 풀렸다. 그런 이기적인 짓거리도 철없을 때 몇 번 해보는 걸로 그쳐야지 자주 해 버릇하면 남의 눈총 받기가 일쑤였다.

뒷전에 물러앉아 나만의 사색의 시간을 가져보기 시작하면서 자연이나 사물도 관점을 달리해서 바라보는 안목을 갖게 되었다. 탁 트인 시야보다 더 많은 것을 보고 느낄 때가 많다.

오늘은 2층에 살던 한 가족이 이사를 가는 날이다. 새 아파트의 골조공사가 한창일 때 앞장서 모임을 만들고 시청에 탄원을 한다며 발을 동동 구르던 주민대표였다. 달빛이 거실까지 밀려오는 밤에는 너무 좋아서 잠을 자지 않았다고 했다. 어떤 사람들은 아파트값보다 더 많은 돈을 들여 아방궁을 만들기도 했다. 유별나게 아파트를 치장하고 자랑하던 사람들이 핏대를 세우고 농성까지 하자고 했다.

이미 허가를 받은 신축 건물은 호화 여객선처럼 물가에 닻을 내렸다.

새로운 항해를 위한 고동 소리를 신호로 이삿짐을 실은 대형 트럭이 하루가 멀다 하고 들락거렸다. 나는 새로운 볼거리를 포착한 듯 입주자들의 모습을 내려다보며 짜증과 흥미 사이를 오락가락했다. 솔직히 말하자면, 앉으나 서나 묵직한 건물이 눈 밑에 아른거리는 것이 못마땅했다. 무대의 뒷전으로 밀려난 기분을 떨쳐버릴 수가 없었다.

그러나 나는 명퇴당한 일등 항해사임을 한시라도 빨리 인정해야만 했다.

운 좋게도 한 십 년 동안 무엇 하나 거슬리지 않는 전망을 마음껏 누리며 살았다. 내 사색의 길을 삼켜버린 분홍빛 건물이 오늘은 몹시 커 보인다.

젊은 부부가 자동차에 뭔가를 싣고 있다. 아이를 데리고 주말여행이라도 가는 걸까. 몸놀림이 행복해 보인다. 나는 몰래카메라처럼 가슴이 두근거린다. 벌써 더듬이 끝에 달린 달팽이의 눈이 된다. 어린 나무의 연둣빛 사이로 걸어가는 남녀의 모습이 눈부시다. 꽃들이 만발한 화단 가에 앉아 해바라기를 하는 할머니들이 인라인스케이트로 포물선을 긋고 다니는 아이들을 지켜보고 있다. 각도를 달리해서 보면 할머니들이 꽃나무 같기도 하다.

어느덧 내 마음속 어느 적절한 곳에 또 하나의 뷰포인트가 자리해 버린 모양이다. 마치 안경이 얼굴에 아무렇지도 않게 붙어 있듯이 말이다.

까치 소리

 꼭 한번은 가보고 싶은 섬이었다. 멀지도 가깝지도 않은 그 섬은 아득한 옛날 제주도로 유배 가던 사람들이 잠깐 쉬었다 간 기착지였다 한다. 그리고 유배를 왔다가 일가를 이룬 사람들도 있었다고 한다.

 그 섬은 남편이 초등학교 2학년까지 유년 시절을 보낸 곳이다. 미국에 사는 시누이를 만나면 타임머신을 타고 오누이가 몇 번이고 다녀오는 곳이기도 하다. 물속 사정에 빤한 누나가 건져 올린 전복과 해삼으로 배를 채우던 소년은 지척에 섬을 두고도 날을 잡아서 가는 일은 없었다. 딱히 만날 사람이 없는 고향은 추억 속에서만 찾아가는 무릉도원이었다.

가끔 낯선 시간을 택해 낯선 장소에 가고 싶을 때가 있다. 꿈에서처럼 엉뚱한 장소로 이동하는 일탈의 시간을 가지기로 했다. '내 고향 남쪽 바다'의 노랫말보다 많이 들어온 그 바다와 그 섬에 가고 싶었다. 사설 우체국이 있고, 좋은 나무와 흙으로 지은 기와집이 있던 마을, 상급생의 흉내를 내다 피투성이로 개울에 처박혔던 소년의 무모한 장난기가 있던 곳이 나는 궁금했다. 반겨줄 사람은 없지만, 섬의 전설과 등대와 기암괴석과 자갈밭을 구르는 물결 정도면 풍성한 추석이 될 것 같았다.

연일 날씨가 맑아 보름달을 볼 수 있으리라 짐작은 했지만, 도시의 달빛하고는 명암이 달랐다. 하룻길 유배의 땅에서 달빛이 먼저 온몸을 다해 반겨주었다. 몇 척의 고깃배가 정박해 있는 바닷가를 걷다가 삭막한 기운을 느낀 것은 달빛하고는 무관했다. 오누이가 그리워하던 자갈밭 해변은 없었다. 시멘트로 매축해서 땅이 늘어났고, 방파제가 바다의 출입을 막고 있었다. 남편은 길을 잘못 찾은 듯 우체국 자리를 더듬으며 추억의 실마리를 그물처럼 당기고 있었다.

사람의 얼굴도 성형수술을 하면 옛 모습을 찾기 어려운데, 아름다운 해변이 완강한 절벽이 되어 있으니 지도 속의 해안선은 이미 지워진 셈이었다. 섬은 더는 섬이 아니었다. 작은 도시의 후미진 동네 같았다. 마을에는 그럴싸한 양옥들이 들어서 있었고, 초등학교 운동장에는 색종이를 오려 붙인 듯 아이들의 꿈을 억지로 모자이크한 건물이 서 있었다.

이모 집에나 가보자는 남편을 따라 달빛을 등불 삼아 후미진 골목에 들어섰다. 이모가 살던 집은 폐가로 남아 있었다. 달빛 아래서 검푸른 이끼가 우물을 감싸고 있었다. 새로 단장을 한 집들 사이에 이모의 금이빨처럼 반짝이는 타일이 벽과 서까래를 붙들고 있었다. 정갈한 삶의 흔적까지 동행해 버리는 저승길이 참 야멸치다는 생각이 들었다. 서서히 육탈을 진행하는 폐가를 뒷날 아침에 다시 한번 돌아보았다. 사람이 벗어 놓은 자리에 거미는 부지런히 그물을 쳐놓았고, 별채 지붕에는 노란 호박이 비스듬히 앉아 있었다. 돌담 아래 누군가 쪽파를 심어 놓기도 해서 빈집치고는 그리 권태롭지는 않아 보였다.

해가 뜨기 전에 등대를 향해 걸음을 재촉했다. 우리나라 최초의 등대, 백 년이 넘는 역사 속으로 가는 길은 마름돌이 깔려 발길이 가벼웠다. 넉넉한 상록수림이 망망대해를 슬쩍슬쩍 꺼내 주었다. 바다는 여태 문맹이어서 시간의 흔적이 남아 있지 않았다. 그래서 바다는 늘 새롭고 처음이 되는 모양이다. 길 중턱쯤에서 바닥에 앉아 숨을 고르던 부부가 말을 걸어왔다. 어렸을 때 떠난 이곳에 대해 아는 것이 많았다. 우리가 모르는 곳과 모르는 일을 단숨에 말해 주었다. 몇십 년 동안 서울에 살다가 노후를 보내려고 고향으로 돌아왔으니 알아볼 만큼 알아보고 자리를 잡은 것이리라. 겉모습의 변화에 이러쿵저러쿵 토를 달지 않는 그들의 도량이라면 이 섬을 품고 살기에 넉넉해 보였다. 그들은 등대를 돌아 다른 풍광을 따라가고 나는 남편이 팔아버린 다른 쪽 해변에 붙은 땅을 보고 가야 직성이 풀릴 것 같았다.

그곳에 오두막 한 채를 지을 수 있다면, 바다 한 귀퉁이쯤은 내 몫이 될 줄 알았다. 삼치 어장을 하는 사람에게 팔았다고 할 때 섭섭한 마음이 생각보다 오래갔다. 선착장 가는 길에 들러본 그곳은 섬의 어느 곳보다 지저분했다. 양식장이 들어서고부터 폐수나 오물 냄새가 나서 팔았다는 남편의 결정은 옳은 것이었다. 그림처럼 예쁜 해변에는 쓰레기와 스티로폼이 흩어져 있었다. 최악의 풍경이었다.

볼 것도 많고, 보지 말아야 할 것도 많은 섬에서의 하루가 며칠처럼 느껴졌다. 차를 돌려 느적거리며 가는 야산 중턱에서 드센 소나기를 만난 듯 멈추어 섰다. 왁자지껄한 것은 까치 소리였다. 동네 하나를 만들어도 될 만한 까치가 전선에도 까맣게 붙어 있고, 비어있는 전답의 이랑과 고랑에도 옹기종기 앉아 있었다. 아는 얼굴들처럼 반가웠다.

나는 대번에, 섬에서 끼적거린 시의 마지막 연을 이을 수 있었다.

> 나는 이명(耳鳴)의 파도 소리를 스캔하다/적막을 깨는 데시벨의 안부 인사를 받았다/전신줄을 타고 앉아 바다와 섬을/지문이 닳도록 타전하는 까치 떼/용

케 눌러앉은 섬의 피붙이들이/카랑카랑한 목소리로 묵정밭을 갈고 있었다/

까치 소리는 꽤 멀리까지 우리를 배웅해 주었다.

신발에 대한 나의 소견

　새벽 기차 타고 서울 가는 날이다. 그런 날이면 옷차림보다 신발을 먼저 생각한다. 구두보다 운동화, 운동화 중에서도 가장 편한 신발을 신는다. 동네 한 바퀴 돌고 올 것처럼 가볍게 집을 나선다. 어둠이 발에 밟히는 소리가 내 귀에만 들린다. 새벽어둠은 이런 날 아니면 만나기가 어렵다.

　5시 6분에 출발하는 KTX는 8시 16분에 서울역에 닿는다. 지방에서 서울로 출퇴근하는 사람들이 대부분이다. 속도에 중독되어 풍경은 보지 않는 무표정한 얼굴들이다. 그러거나 말거나 나는 따뜻한 남쪽 나라 사람, 스치는 사람과 사물들이 다 새롭다. 화성이나 토성에서 온 것처럼 상점의 유리창에서 내 모습을 잠깐씩 본다. 변덕스러운 날씨 걱정에 심사숙고해서 입고 온 옷도 우스꽝스럽고, 애써 골라 신은 운동화도 초면처럼 생뚱맞다.

  다시 어깨를 펴고 지하철 4호선을 탄다. 여섯 정거장쯤 가면 혜화역이다. 혜화역이 있는 대학로 부근은 어머니가 살아 계실 때 우리 집이 있었고. 내 청춘의 한 시점이 머물던 곳이다. 십 년 전에 선고받은 병명 때문에 혈액 검사를 받으러 병원에 가는 데도 고향에 온 듯 마음이 포근하다. 서울 사람들보다 걸음이 빠르다. 또 신발의 덕을 보는 셈이다. 작년에 동생이 사준 신발이다. 신발 없이 걷는 것처럼 가볍고 발바닥이 편해서 서울도 가고 미국도 함께 다녀왔다. 이런 유의 신발을 신어보는 것이 처음은 아니다. 언젠가 내 친구 경자가 신은 날렵한 운동화를 보고 탐을 내었던 것 같다. 며칠 후에 내게 똑같은 신발을 건네주었다. 불시에 선물을 받고, 신기도 전에 갈 곳부터 생각하기에 바빴다. 멋하고는 거리가 멀지만 이렇게 오래, 그리고 단단히 길들어진 신발은 처음이다.

나는 일 년에 한 번 대학병원의 암 병동에서 담당 의사로부터 혈액 검사의 결과를 듣고 온다. 작년보다 혈소판 수치도 떨어지고 헤모글로빈도 줄어들었다. 의사는 이웃집 사람처럼 친근한 어투로 "이만하면 그대로 괜찮으니 내년에 또 봐요."라고만 했다. 작년에도 같은 말을 들은 것 같다.

내 나이를 생각하면 이만한 상태도 감사할 일이다. 병원의 내리막길을 천천히 음미하며 걸어도 시간은 넉넉했다. 지하철 계단도 천천히 밟고 올라간다. 노숙자 두 명이 신발을 신은 채 잠을 자고 있었다. 신발 바닥이 내 눈길을 끌었다. 별로 갈 곳이 없어 보이는 그들의 신발은 내 신발보다 새것이었고, 고급스럽게 보였다. 밖에서 신발을 벗고 들어갈 안이 없으니 신발이 그들의 집처럼 보였다.

술에 취해 한뎃잠을 자는 남자가 신발을 공손히 벗어 놓고 자는 모습을 본 적이 있다. 길섶을 방안으로 착각한 걸 보면 돌아갈 집이 있는 사람이 분명했다.

비만 오면 신발 속이 미나리꽝 같던 시절이 있었다. 어머니는 밤새 운동화를 연탄불에 말려 아침이면 갠 하늘처럼 마음을 상쾌하게 해 주셨는데, 나는 어머니에게 제대로 된 효도를 해 본 적이 없다. 단지 편한 신발을 서너 번 사다 드린 기억이 있다. 미국에 있는 딸을 만나고 돌아오는 길에 사 온 어머니의 신발은 인디언 전통방식 그대로, 하나의 가죽이 발전체를 포근하게 감싸주는 컴포트 워킹 슈즈였다. 마지막으로 사다 드린 신발은 새 신의 면모가 사라지기 전에 현관에 그대로 놓여 있었다. 다시는 신지 못할 신발은 어머니가 돌아가신 후 언니가 오래도록 신고 다녔다.

그 당시 우리나라에도 똑같은 모조품 신발이 유행하고 있어서 겉으로 보면 구분이 어려웠다. 두 번이나 식당에서 누군가 내가 얌전히 벗어 놓은 컴포트 워킹 슈즈를 신고 가버린 생각을 하면 지금도 화가 난다. 세탁소에 맡긴 바지가 없어졌을 때보다 훨씬 더 기분이 나빴다.

신발을 바꿔 신으면 몸이 먼저 낯설어하는데 내 신발을 신고 간 사람들은 몇 발자국쯤 가서 그것을 알아챘는지 모르겠다.

그 일 때문은 아니고, 요즘은 특별한 행사에 참석할 때를 빼고는 남편도 나도 운동화를 신는다. 한때는 남편의 구두를 매일 닦아 놓아 하루를 밝혀 주기도 했다. 그때나 지금이나 남편이 벗어 놓은 신발은 한 척의 배 같다는 생각에는 변함이 없다. 벗어둔 신발을 보면 측은한 생각이 든다. 벗어둔 신발은 누구의 것이든 안쓰럽다. 용서와 화해가 쉽지 않은 사람도 벗어둔 신발을 보면 마음이 편치 않다.

우리 집 신발장에는 신발들이 체계 없이 칸칸이 놓여 있다. 구두보다는 운동화가 많다. 운동화를 보면 내가 걸어온 길들이 보인다. 버린다고 어디 가서 나의 족적에 대해 말도 안 할 텐데, 뒤축이 닳은 것도, 낡은 것도 그대로 둔다. 그러나 가끔 손질은 해서 신발에 대한 예의를 표시한다. 남은 내 삶의 무게를 견뎌줄 것이고, 아직 나와 같이 어딘가 갈 데가 있는 신발들이다.

그게 아니었다

 새벽녘에 꾼 꿈이 예사롭지가 않다. 나는 눈처럼 하얀 웨딩드레스를 입고 의자에 앉아 있었다. 창밖은 칠흑 같은 어둠이어서 드레스의 흰빛이 검은 배경 앞에서 몹시 도드라져 보였다. "왜 하필 밤에 결혼식을 하는 걸까?" 짜증 섞인 내 목소리에 잠이 깼다.

 꿈속에서 그런 가당찮은 복장을 하고 어두운 창밖을 보고 있는 흑백사진 한 장이 뇌리에서 얼른 지워지지 않았다. 어쩌면 영정 사진 같기도 했다. 늘 개꿈만 꾸던 내가 이렇게 선명한 꿈을 꾼 것이 더 마음에 걸렸다.

 그날따라 무슨 할 일은 그렇게 많았는지 서둘러 외출을 해야만 했다. '얼른 다녀와 집안에 틀어박혀 개꿈이었음을 증명해야지.' 하는 다부진 마음까지 먹었다. 그런데 그게 아니었다.

세 살 먹은 아이도 쉽게 내려갈 수 있는 계단의 첫 번째 칸에서 나는 풀썩 주저앉고 말았다. 급하게 난간을 짚느라 손등에 작은 상처가 났다.

발길에 사고가 있을 것을 미리 알았더라면 아예 외출을 하지 않았을 것이고 부득이한 사정이었다면 지뢰밭을 가듯 걸었을 것이 아닌가. 걸음이 원인인지 돌계단이 탈이었는지 넘어진 이유조차 알 수 없었다. 통증을 참으며 볼일을 마치고 집에 와서야 발등이 찐빵처럼 부풀어 오른 것을 알았다.

의사는 골절이라 했다. 반만 깁스를 하고 바로 입원을 했다. 발밑을 살피지 않은 것도 후회스럽고 집안일을 오후로 미루고 나온 것도 짜증이 났다. 발등을 찍고 싶을 정도로 화가 치미는 것은 아픈 발을 끌고 무리하게 돌아다닌 미련한 행동이었다. 부기가 빠져야만 온전한 깁스붕대를 하고 뼈가 붙기를 기다려야 한다고 했다. 참으로 난감하고 어이가 없었다.

꿈속에서 재난의 낌새를 미리 알려 주었는데도 주술의 덫에 걸리다니. 아니지, 어쩌면 더 무서운 일을 막기 위해 특별한 이벤트가 필요했는지도 모를 일이 아닌가. 액막이 푸닥거리를 위해 다리 하나가 속절없이 영어(囹圄)의 몸이 되고 자동차 바퀴처럼 잘 굴러가던 내 일상은 아무 준비도 없이 급정거를 하고야 말았다.

병실 창밖은 내 발의 족쇄와는 상관없이 활발하게 움직이고 있었다. 차들은 씽씽 달리고 나무들은 열심히 잎을 달아내고 있었다. 오가는 사람들의 걸음이 평소보다 가볍고 씩씩해 보였다. 조금 전까지 내가 걸었던 길들이 도무지 낯설기만 해서 소외감마저 들었다. 그렇다고 언제까지 울적한 기분에 사로잡혀 있을 수는 없었다. 청색 신호등 하나가 반짝 불을 밝혔다.

오랜만에 주어진 휴식의 시간, 엎어진 김에 쉬어가기로 했다. 마치 기다렸다는 듯이 일상의 명령들로부터 등을 돌렸다. 재미있는 책이나 읽다가 졸리면 자다 깨다 하는 호사쯤은 누려도 될 성싶었다. 그런데 그게 아니었다.

멍석을 깔아놓으니 하던 짓도 안 한다고, 책은 고사하고 단잠 한번 잘 수가 없었다. 무방비 상태의 하루하루가 달력에도 없는 날짜처럼 지나갔다.

이덕무의 〈병자의 깊은 생각〉이란 글에서 '병자가 신음 중일 때는 평생 품고 있던 욕심이 한 번에 없어지고 그저 회복되기를 염원하는 마음만 있어 다른 일에 신경 쓸 겨를이 없다.'라는 대목을 읽은 적이 있다. 나는 중병을 앓고 있지 않아서인지 별의별 걱정이 쉴 새 없이 몰려와 나를 괴롭혔다. 휴식은커녕 마음의 병 하나를 더 얻고 말았다.

날마다 비가 오다가 그치곤 했다. 장마가 길어질 거라는 예보와 함께 안개주의보도 내려졌다. 밤에는 교회의 십자가와 그보다 몇 배나 많은 러브호텔의 불빛들이 안개 속에서 가면무도회를 열고 있는 것처럼 술렁거렸다.

밤이 깊어갈수록 비린 습기와 안개가 도시 전체를 하얀 붕대로 단단히 동여매고 있었다. 삶의 허물과 부끄러움을 상처처럼 덮어주고 다독거려주는 자비의 몸짓으로 안개는 밤새도록 내 창밖에 머물러 있었다.

날이 밝아오고 안개가 걷히어도 내게 내려진 삼엄한 근신통고는 해제될 기미가 보이지 않았다. 꿈 땜이 아닌 꿈 치레를 톡톡히 치르려면 더 많은 시간이 흘러야 했다. 퇴원을 하고 목발을 짚고 불편한 생활을 하면서도 나는 내 몸의 장애를 귀한 손님으로 여기고 잘 대접해 주었다. 떠날 때는 그 섬뜩한 꿈의 기억도 함께 배웅할 작정이었다.

그런데 그게 아니었다. 깁스도 떼어내고 목발도 치우고 절름거리는 걸음걸이도 훨씬 수월해진 어느 날, 나는 그 모든 절차가 꿈 치레의 예고편임을 알아차렸다. 본편은 따로 있었다. 우연한 안과 검사에서 녹내장을 밝혀냈다. 시신경이 많이 죽었다고 의사는 사형선고를 내리듯 엄숙하게 말했다. 치료 방법은 없고 현재 상태를 잘 유지하는 길밖에 없다고 덧붙였다.

복도에 비치된 녹내장 클리닉 안내서에는 '정상인의 시야'와 '진행된 녹내장 환자의 시야' 사진이 친절하게 인쇄되어 있었다. 나는 그날 꿈에서 본 깜깜한 배경과 하얀 드레스를 입은 내 모습을 '진행된 녹내장 환자의 시야' 사진 속에서 한 점 풍경화로 다시 만나고 있었다. 두 눈을 부비고 보아도 '정상인의 시야' 사진까지 안개 낀 듯 뿌옇게 보였다.

 프로이트의 꿈의 해석에 나오는 상징의 의미가 내 시야보다 선명하게 나를 감싸 주었다. 어려운 퍼즐 맞추기를 끝낸 느낌으로 병원 문을 나섰다.

 거리에는 나무들이 시력교정을 받으려는지 초록 눈망울을 부릅뜨고 줄지어 있었다.

개똥 이야기

 강아지가 우리 집에 온 지도 벌써 삼 년이 되었다. 대학 생활을 마친 딸아이가 옥탑방에서 키우던 것을 대학 졸업장보다 더 소중하게 들고 와 내게 맡기고 미국으로 간 것이다. 이것저것 잔손이 가기도 하지만 사람을 잘 따르는 습성을 보면 동물애호가들의 마음을 알만도 하다. 살뜰하게 보살펴 주지도 않는데 새 주인에게 잘 적응하는 영악함이 심심찮게 집안에 웃음꽃을 피우게 한다. 그래도 똥오줌을 치우는 일은 늘 나를 긴장시키곤 한다.
 개똥도 약에 쓰려고 하면 귀한 시절이 있었다 한다. 동네 아이마다 한 걸망씩 개똥을 져다 바쳐야 하는 흑석부리 영감이 있었는데 아이들이 오면 엄살을 떨며 개똥 물을 마시곤 했다. 그러나 그 많은 개똥을 허리 아프다고 다 먹었을 리는 없고, 알고 보니 그 집 머슴이 바지게로 져다가 참외 구덩이에 파묻더라는 것이다. 괘씸하게 생각한 아이들이 개똥물을 빨아먹고 익은 참외를 서리해 먹다가 들켜서 볼기짝을 맞곤 했다. 재미있게 읽은 내 스승의 글 서두인데 그해 여름에는 개똥이 씨가 말라서 급히 개똥이 필요해도 구하기가 무척 어려웠다고 한다.

개똥밭에 굴러도 이승이란 곳은 재미있는 추억을 만들 수도 있고 그 추억을 떠올려 볼 수도 있는 참 좋은 별자리인 것만은 틀림이 없나 보다.

고뿔 든 데는 왕겨 불에 모과를 구워 먹는 것이 제일이고 결리는 데는 개똥물이 효험이 있다는 민간요법의 처방이 있다고 한다. 약으로 쓸 수 있는 개똥은 풀밭 같은 데에 개가 똥을 눈 후 비바람을 맞고 수분과 독이 다 빠져 곶감분 같은 하얀 색깔로 변한 것이라야 약효가 있다고 한다. 또 타박상이나 어혈에는 개똥 술이 효험이 있어 말린 개똥을 자루에 넣어 막걸리에 담가 놓았다가 하루가 지난 뒤에나 마셔야 한단다. 동의보감에도 '백구시(白狗屎:흰개똥)는 정창(竁瘡)과 루창(瘻瘡)을 치료한다. 가슴과 배의 적취(積聚)와 떨어져서 다쳐서 생긴 어혈을 다스리니 소존성(燒存性)으로 하여 술에 타서 먹으면 신효(神效)하다.'라고 쓰여 있는 것을 개똥을 치우다 애써 찾아 읽어 보았다. 개똥이 약으로 쓰인다는 확실한 기록을 보고서야 나는 아무에게도 말하지 못했던 오래된 그 일을 마음 편하게 펴 볼 수가 있게 되었다.

어느 해, 약국을 경영하던 오빠가 어머니를 남겨 두고 캐나다로 이민을 갔다. 이국에서의 미래가 자못 불안했던 오빠의 딱한 마음을 헤아리지 못할 어머니는 아니어서 흔쾌히 전송까지 하고 오셨다. 그러나 만감이 교차한 어머니는 그날로 온몸의 기가 다 빠져나간 듯 허리를 움직일 수가 없었다.

아들과 함께 가게 될 줄 알고 혼자서 알파벳을 써 보기도 하고 한 편으로는 미지의 나라에서 아들이 어려움을 겪으면 어쩌나 싶어 관리약사를 두고 약국을 운영하려는 생각도 해보고 아들은 물론 손자들과 떨어져 살기 싫어 같이 가는 편이 더 낫겠다고 안절부절못하시던 어머니였다.

나는 슬픔이나 외로움, 좌절 같은 부정적인 감정을 똘똘 뭉쳐놓으면 무서운 독으로 변한다고 믿고 있다. 그 독이 사람의 신체 중 가장 약한 부위로 모여 병을 만드는 게 아닐까. 어머니의 경우는 평생을 홀로 자식들을 키우고 가르치느라 휘어진 허리 부분으로 그 독이 폭풍처럼 몰려온 것 같다.

한 번도 약한 모습을 보이지 않던 어머니였다. 아버지가 돌아가셨을 때도 큰오빠를 잃었을 때도 오뚝이처럼 일어서시던 어머니였다. 연세 때문에 얼른 털고 일어나시기는 어렵겠다고 생각했는데 뜻밖에도 어머니는 아무 일도 없었던 사람처럼 약국을 보살피기 시작했다. 굽은 허리 어디서 그런 힘이 났는지 새벽같이 나가서 문을 열고 밤에도 손수 셔터를 내리고 나서야 집으로 돌아가는 생활을 기꺼이 해내셨다. 전장에서 아군을 엄호하듯 어머니는 아들의 이국 생활을 염려하고 지원했다. 몇 년이 지나서야 나는 누군가에게서 흘러나온 이야기를 듣고 충격을 받았다. 그때 초주검 자리에서 일어난 것은 개똥 덕분이었다는 것이다. 약국집에서 한약이나 양약도 아닌 개똥을 약으로 쓰다니 이해가 가지 않았다. 최후의 처방으로 개똥을 민간요법으로 써 보신 모양이지만 일어서야겠다는 의지가 개똥 냄새보다 더 독한 마음의 발호가 아니었을까. 우리 자매들은 약속이나 한 듯이 지금까지 그 일에 대해 함구하고 있다.

  가족 간에 못 건널 다리는 없는 것이어서 어머니는 나를 대동하고 캐나다에도 다녀오시고 오빠의 아픈 마음도 다독거려주셨다.
  몇 년 후 오빠가 돌아와 한숨 돌린 어머니는 여수 나들이도 하시고 남부럽지 않는 노후를 보내는가 싶더니 어느 날 속이 텅 빈 나무처럼 쓰러져 자리에 눕고 말았다. 개똥물보다 훨씬 좋은 약과 오빠의 정성도 어머니를 일으켜 세우지 못했다. 어머니보다 어머니의 생(生)이 더 지쳐버린 것 같다.
  상경하여 어머니를 뵈면 아이처럼 말갛게 웃으며 나를

반겨주신다. 독기와 수분이 빠져버린 개똥이 약이 되듯이 삶의 독이 빠져버린 어머니의 맑은 미소는 우리 형제들에게 사랑의 보약처럼 뼛속 깊이 스며든다. 화기애애한 자식들을 꽃을 보듯 눈부시게 바라보시던 어머니가 왠지 오늘은 더욱 그립고 보고 싶다. 그러나 나는 아침 햇살이 비껴간 거실에서 강아지의 스트레칭이나 지켜보고 있다. 팔다리를 쭉쭉 뻗으며 온몸의 관절을 펴는 것이 발레리나처럼 멋있게도 보인다. 앞으로 족히 몇 년은 더 한 가족으로 살아가야 할 것 같다. 날이 갈수록 정이 드는 강아지의 배설물은 변기에 흘려보내면 그만이다. 그러나 내 마음의 묵은 상처에서 배어 나오는 악취는 무슨 수로 씻어내랴. 연민이나 슬픔이나 모두 오래 두면 썩어 독이 되는 것을.

　이제는 강아지의 배설물 따위를 가슴 저린 기억의 삽으로 퍼 올리고 싶지 않다. 그것 말고도 이 가을에는 추억할 일들이 너무 많다.

구두 수선공

　내가 사는 아파트단지에는 특출한 인물이 살고 있지는 않은 것 같다. 사법고시나 일류대학에 붙었음을 주민에게 알리는 이불 홑청 같은 커다란 플래카드를 본 적이 없다. 그래서 우리 동네는 등록상표가 없는 상품처럼, 있는 듯 없는 듯 조용하다. 엊그제 대대적인 페인트 공사를 하고부터는 훨씬 산뜻해졌지만 사는 모습이 달라진 것은 하나도 없다.

　겨울방학이 되면서 아파트 현관 벽면에 각종 알림표가 붙어 있다. 부녀회 모임 공지도 있고 과외수업 학생을 모집하는 안내문도 있다. 떼어가기 쉽게 낱개로 잘라서 붙여놓은 전화번호가 호소력을 지닌 듯 작은 바람에도 펄럭거린다. 그 바로 아래쪽에 이색적인 종이 한 장이 더 달려 있다. '헌 구두를 새 구두로 고쳐 드립니다.' '방문 수거해서 배달까지 해드립니다.'라는 안내문이다. 내가 잘 아는 구두 수선공의 상호인데 반가운 미소보다 한기가 느껴진다. 한 쪽 다리가 없이 목발로 살아가는 그에게 불경기의 한파가 겨울 추위보다 더 매서운 모양이다.

  아파트 상가에는 온갖 업소들이 들어서 있다. 작은 컨테이너를 개조한 구두수선센터는 주차장 귀퉁이 길가 담벼락에 어렵사리 붙어 있다. 마치 파도에 밀려 더 이상 갈 곳이 없는 섬 같다. '헌 구두를 새 구두로 만들어 드립니다.'라고 적힌 광고판이 아니면 얼른 눈에 띄지 않는다. 셔터를 닫으면 '수요일, 일요일 휴무'라는 알림표가 붙어 있다. 위압감을 느낄 정도로 진한 붉은색 글씨가 불조심 표어를 연상하게 한다. 좋게 생각하면 멀리서도 잘 보고 부디 헛걸음하지 말라는 간곡한 당부처럼도 여겨진다.

  일주일에 이틀을 휴업을 해도 그에게는 늘 손님이 끊이질 않는다. 나도 몇 번 구두 굽을 갈아도 보고 우산도 맡겨보았지만 솜씨가 비상하긴 했다.

내가 그의 재주를 얼마나 탁월하게 여겼으면 미국에서 이곳까지 헌 구두를 들고 왔겠는가. 일전에 미국에 갔다가 딸아이의 부츠 한 켤레가 버려지기 직전의 모습으로 신발장에 처박혀 있는 것을 보고 귀국길에 들고 온 것이다. 고치려면 그곳에도 구두 수선집이 있다는 딸아이의 말을 묵살하고 "새것처럼 만들어서 보내 줄게."라고 약속까지 했다. 똑같은 것을 사주고 싶을 정도로 예쁘고 편한 신발이지만 쉽게 구할 수도 없었기 때문에 남편의 눈치를 살피면서 짐 속에 챙겨 넣었다. 돌아오자마자 나는 구두 수선공을 찾아가 신발을 맡겼다. 일주일쯤 걸리겠다고 했다. 때를 빼고 말리는 데 시간이 걸리고 바닥재를 구하는 것도 쉽지 않지만 해보겠다고 했다. 자신의 기술을 알아주는 것에 대해서는 상당히 만족해하는 표정이었다.

약속한 날짜에 맞추어 이것저것 딸아이에게 보낼 것을 준비해 놓고 구두 수선공을 찾아갔다. 생각보다 손볼 것이 많았는지 며칠 더 연기를 했다. 조바심이 난 나는 그만하면 새 구두처럼 되었으니 그냥 달라고 했다.

"한 번 더 때를 빼고 가죽에 영양제를 발라야 합니다.

제 맘에 안 들어서 그렇습니다." 손님이 괜찮다는데 옹고집처럼 물건을 내놓지 않았다. 내 사정은 별로 중요하지 않다는 듯이 신발을 이리저리 살피며 구두에서 눈길을 떼지 않았다. 정말이지 두 눈을 의심할 정도로 구두는 새로운 모습으로 변해 있었다. 바로 찾아서 보내도 손색이 없겠는데 자기 마음에 들 때까지 기다려야 한다니 짜증이 나기 시작했다. 대강 마무리해서 수고비를 챙기면 될 것을 한사코 예술품도 아닌 헌 구두를 가지고 저리 주물럭거리고 있다니 환장할 노릇이었다.

기다리던 날이 왔다. 구두 수선공은 환하게 웃으며 헌 신문지를 구겨 넣은 스웨이드 부츠 한 켤레를 내게 돌려주었다. 영락없는 새 구두였다. 몇 년을 신고 다녔는데 원단이 원래의 모습을 그대로 간직하고 있었다.

이렇게 정성스럽게 새 단장을 한 구두를 신은 딸아이의 경쾌한 걸음을 생각하니 내 마음이 먼저 신바람을 타고 딸에게로 달려가고 있었다.

구두를 받은 딸아이는 감탄과 함께 전화를 해왔다. 다른 헌 구두도 절대 버리지 않고 모아두겠다는 성가신 주문도 했다.

  요즘은 고쳐야 할 헌 구두도 없고 가방이나 우산을 맡길 일도 없지만 볼일이 있어 상가엘 가면, 나는 한쪽 귀퉁이에 붙어 있는 그의 작업장을 바라본다. 그가 일하는 모습을 보면 주먹구구식과 임기응변식의 내 삶의 방식이 부끄럽기 짝이 없다.

  오늘은 잊지 않고 현관 벽에 붙어 있는 그의 전화번호를 기억해 둔다. 누가 필요하다면 얼른 가르쳐 줄 수도 있게 아예 저장을 한다.

  목발을 짚고 절룩거리며 올라와 자신의 장인 정신을 상인의 노하우로 격하시켜 붙여놓고 간 그의 절박함을 생각한다. 아니다. 필시 그는 그 절박함까지도 연장으로 사용하여 이 겨울을 따뜻하게 보내고 있을 것이다.

쥐약

 쥐약을 놓아 쥐를 잡던 시절이 있었다. 멸공, 반공 같은 살벌한 구호가 근면과 자주와 협동이라는 살갗에 와닿는 외침으로 바뀌던 때였다. 그때 우리는 '우리도 한번 잘 살아보자'라는 노래를 애국가보다 열심히 부르곤 했다. 나라의 운명이 식량 증산에 달렸다고 학교마다 도시락 검사를 하며 보리밥을 먹게 했다. 강요하지 않아도 쌀밥을 먹을 수가 없는 형편들이었다.

 몇 년 전에 가족계획 하라며 '덮어놓고 낳다 보면 거지꼴을 못 면한다.'라고 으름장을 놓았는데도 웬 식구들은 그렇게 불어났는지 우리 집만 해도 식구가 일곱이었다. 입은 많고 양식은 부족한데 군식구가 늘기 시작했다. 밤마다 천장을 무대 삼아 집안을 뒤지고 다니는 쥐들이 곡식을 축내고 있었다.

 세상 마지막 날까지 쥐처럼 교활하고 얄미운 짐승은 살아남을 것이라는 사실을 엊그제 TV를 보면서 또 한 번 실감했다. 고객들이 맡겨둔 돈을 야금야금 집어삼킨 인쥐들이 그때 그 시절의 곳간의 쥐와 다를 바가 없었다.

 예나 이제나 남의 것을 훔치는 도둑은 박멸해야 한다는 구호는 대단한 전파력을 가졌다. 동네 골목마다 '쥐는 살찌고 사람은 굶는다'라든지 '한 집에 한 마리만 잡아도 수만 명이 먹고산다'라는 표어와 '쥐를 박멸하자'라는 큼직한 포스터가 나붙어 나는 공산당보다 쥐를 더 미워하며 살았던 것 같다. 쥐꼬리를 잘라서 숫자를 채워 학교 과제물로 제출하던 일을 잊을 수가 없다.

 임진왜란 당시, 왜군은 조선군의 코를 자르고, 조선군은 왜군의 머리통을 잘라 그 수를 헤아려 무공을 인정받았다는데 그 시절의 우리는 쥐꼬리를 잘라 나라와 학교에 대한 충성심을 보여준 것이리라. 이보다 더 아프고 시린 일들이 부지기수지만 쥐새끼들이 봉숭아, 분꽃 만발한 장독대 주변을 촐싹거리던 모습이 떠오르면, 아련한 추억 속이 쥐 오줌 냄새로 번지기 일쑤여서 무단히 서러워지는 감정을 감출 수가 없다.

쥐잡기 운동은 농수산부가 주관했다. 동사무소에서 나눠준 쥐약으로 한날한시에 쥐약을 놓아야 했다. 거사를 위해 봉화를 올리는 것처럼 신중하고, 가증스러운 쥐새끼가 고소한 냄새를 맡고 덥석 먹어치우기를 바라는 마음 간절했다. 그래서 버둥거리다 나자빠지는 광경을 우리는 가슴 두근거리며 기다리곤 했다.

아파트의 콘크리트 벽이 남과 나 사이를 가로막으면서 쥐 없는 세상을 살게 되었다. 경계와 외로움의 공간에 더 이상 발붙일 곳이 없는 쥐는 이제 실험용으로 살신성인의 공덕을 쌓고 있는 중이다.

요즘은 탐욕에 눈이 어두운 사람들이 쥐약을 먹고 버둥거리고 있다. 사람이 먹으면 패가망신하는 여러 가지 성능의 쥐약이 사방에 널려 있는 모양이다. 업그레이드된 쥐약은 사람을 살찌게 해서 죽게 한다.

아침저녁 뉴스 시간을 화려하게 장식하는 몇몇 사람들

은 쥐약을 먹고도 걷고 말하고 웃는다. 일단은 당당한 모습으로 비틀거리는 몸을 커버한다. 상대방에게 책임을 돌리며 무죄를 주장하는 모습은 마치 쥐약 먹은 쥐가 몸부림을 칠 때처럼 안타깝기도 하다. 허기야 쥐약을 대신 먹은 이웃집 닭들이 몸을 뒤틀며 억울하게 죽던 일이 있긴 있었다.

 나도 쥐약이란 걸 먹어 본 적이 있다. 어쩌다 취득한 미국 영주권 때문에 한사코 미국을 드나들곤 한다. 딸아이가 LA에 살고 있고, 두 시간 남짓 떨어진 팜스프링스에 시누이 집이 있어 그곳을 임시 거처로 삼는다.

 자동차를 대여해서 한참 달리다 보면 거대한 풍력 발전소를 만나고 온천 휴양지로 잘 알려진 팜스프링스에 닿는다. 자주 가다 보니 우리 동네처럼 길이 쉽고 주변의 관광지도 눈에 익어 전혀 새롭지가 않다.

 곳곳에 인디언 보호구역이 있다. 서부영화의 배경을 상상하며 차머리를 돌려보면 거대한 카지노 건물이 앞을 막는다. 처음에는 이런 사막에 별천지 같은 세상이 있나 싶어 신비감 반 경악 반으로 관광만 했다. 몇 번 스치다 보니 고속도로 위에서 화장실만 가고 싶어도 카지노 화장실을 빌려 쓸 만큼 담대해져 이제는 시누이 부부를 따라 부담 없이 드나든다.

  아직 쥐약에 대한 고소한 맛이 내게 남아 있었던 모양이다. 몇 년 전 관광버스를 타고 그랜드캐니언 가는 길에 숙소에 붙은 카지노에 단체로 들어간 적이 있었다. 입구의 슬롯머신 앞에서 남편을 기다리다 이십 불짜리 지폐 한 장을 넣고 서투른 솜씨로 서너 번 눌러보았다. 갑자기 주위가 떠들썩했다. 잭팟이 터졌다는 것이다. 천오백 불이지만 시골 카지노치고는 큰 거라고 했다. 직원이 달려와 홍보용 사진을 찍어도 되냐고 물어보기도 했다. 시누이 부부와 남편은 쥐약을 먹어서 큰일 났다고 겁부터 주었지만 이백 불씩이나 나누어 주자 쥐약이고 뭐고 흔쾌히 받아갔다. 카지노에 들락거리는 LA 인근의 교포들 사이에는 '쥐약'이라는 공포의 낱말이 곁말로 오가고 있었다. 재미를 본 사람은 더 큰 재미를 보기 위해 다시 찾아가는 곳이 카지노다. 어느 시인이 미국에서 교환교수로 있을 때 쓴 시가 생각난다.

미주리 강변 카지노 세인트찰스/각 종목 기술을 보여주며/그는 말한다. 마누라는/여기다 이삼만 불 내쏜 줄 알지만/사실은 십만 불이 넘지요//사람이 한가하면 악마가/얼른 와서 일거리를 대준다고요?/글쎄요/이보다 더 바쁜 일이 없는데//자동차 기름 채웠겠다/사 놓은 담배 있겠다/마지막 이십오 전까지 다 바쳐야지//늦새벽 지친 몸/터덜터덜 걸어 나올 때/강바람이 얼른 쫓아와서 어깨를 감싸주지/괜찮어유-/금방 또 벌어유-//이때 그는 빈 잔이다/다 마셔버린/쓸쓸한

오늘 아침 미국의 시누이한테서 전화가 왔다. 들뜬 부부의 목소리가 심상치 않았다. 칠순의 시누이는 그 황량한 사막 한가운데서 모국어와 영어를 반반씩 섞어 쓰면서 씩씩하게 노후를 보내고 있다. 골프와 하나님과 카지노를 사랑하는 시누이가 기계와의 씨름 끝에 거금 육천 달러를 땄다고 한다.

빨리 왔으면 좋겠다면서 그 돈을 여행경비로 내놓겠다

고 한다. 쥐약을 보약으로 쓰자는 놀랍고 고마운 제안이다. 내가 갈 때까지 그 숭고한 정신이 남아 있을지 모르겠다. 쥐약의 참담한 속성을 아는 나로서는 속까지 흐뭇해할 수는 없는 노릇이다.

의자의 하소연

 겨울로 들어서면 아무렇지도 않은 모습에도 한기를 느낀다. 아파트 앞에 버려진 낡은 의자도 그중 하나다. 다리 하나가 없는 의자여서 볼 때마다 불안하다. 오다가다 마주치다 보니 무생물인 의자가 사람처럼 안쓰러운 생각이 든다. 요즘은 어디가 좀 모자라고 안 돼 보이는 사람이나 물건을 보면 나를 보는 것 같아 애써 외면하려 든다.
 찬바람이 걸음을 재게하는 아침, 웬 차압 딱지 같은 종이가 의자의 이마에 붙어 있다. 잔뜩 화가 난 경비 아저씨의 경고장이다.
 '의자 안가져감니다 스티가 붓이시오 경비원 열락망 010-000-000'이라고 적혀 있다. 야멸친 어투에 음절마다 비뚤어진 못이 박혀 있다. 수치스러운 모습에 낙인까지 찍힌 의자, 가슴에 'A'라는 주홍글씨를 달고 있는 간음한 여자 같다. 종이가 바람에 나풀거릴 때마다 겨울 풍경이 더 삭막해져 가고 있다.

오늘은 아무래도 의자를 대신해 하소연이라도 해야겠다는 생각이 든다.

- 저는 버려진 의자입니다. 제 주인이 이사를 하면서 슬그머니 아파트 화단 옆에 팽개치듯 놓고 갔습니다. 낡았지만 그런대로 쓸 만한데 다리 하나가 없으니 버릴 만도 한데 아무 조치도 없이 경비원 화나 돋우는 처지가 되었습니다.
솔직히 말해 고장 물건보다 더 자주 삐걱거리는 것이 사람의 삶이라고 저는 생각합니다. 제 다리 하나가, 삐걱거리는 주인의 삶을 고정시켜 줄 수 있을지 모르겠습니다만 멀쩡한 다리를 뚝 떼어내어 버린다는 것이 토사구팽(兎死狗烹)에 다름 아니라는 생각이 들어 억울하기까지 합니다.

이사를 가면서 그동안 쌓은 정을 생각해서 다리 하나를 이삿짐 속에 쑤셔 넣었을 턱은 없습니다. 제가 그렇게 단언하는 것은 주인집 아들 녀석의 무거운 엉덩이 밑에서 익힌 신소설 《금수회의록》 탓이라고 할까요.

금수회의장에서 연미복을 입은 까마귀가 반포지효(反哺之孝)를 들어 인간의 불효를 규탄할 때 제 기분은 정말 씁쓸했습니다. 시험공부 한답시고 책을 들고 있는 주인집 아들 녀석이 감자 칩을 씹으면서 키득키득 웃고 있었거든요.

파리가 발언권을 얻어 인간들의 간사함을 비판하는 대목에서 저는 파리만도 못한 인간들의 잠자는 콧등을 간질이는 파리의 발가락이 되고 싶었습니다. 종종 인간들의 작태를 보면 기고만장할 때가 많습니다. 한 예로, 기분 좋은 대화는 푹신한 소파나 침대 위에서 저희끼리 희희낙락거리지만 기분 나쁜 일이나 다투는 일은 꼭 저를 깔고 앉아 엉덩이를 들썩거리면서 시작합니다. 서로 옳다고 거품을 물고 상대방의 발언을 짓이기도 하고 종주먹을 쥐며 으르렁거립니다. 폭발 직전에는 카운트다운도 하지 않고 제 어깨를 잡고 마구 흔들다가 방구석으로 밀어붙이곤 합니다. 그 단단한 시멘트벽에 온몸을 찧고 제가 얼마나 울었는지 모릅니다.

저의 일생이 덧없다는 생각은 시들어가는 국화가 서리를 맞고 있는 아파트 화단 옆에서 며칠 동안 방치되면서 더해 가고 있습니다.

제 다리만 떼어가지 않았으면 누가 벌써 저를 데려갔을 겁니다. 베란다에 놓고 해바라기하기도 좋고 빨래 건조대 옆에서 바구니를 놓아두기에도 안성맞춤이니까요. 나뭇잎만 앉아도 의자인 저는 행복하고 온기를 느낍니다.

그런데 저는 이제 의자가 아닙니다. 의자의 구실을 하는 것은 누군가가 앉을 수 있고 쉴 수 있을 때 의자로서의 기쁨과 보람이 있습니다. 지친 몸과 마음을 제게 내려놓을 때나 그리운 사람을 기다릴 때 저는 그 사람의 척추와 다리가 되고 마음이 되기도 합니다.

의자는 시간과 공간을 다 품을 수 있는 우주의 마음을 가진 사람이 고안해 낸 걸작이라고, 저는 늘 제가 의자인 것을 자랑스러워했습니다.

역사를 거슬러 뒤적거려보면 옛날 의자의 대부분은 성직자와 군주가 사용했던 귀한 물건이었다고 합니다. 그런 의자의 속성을 물려받은 제가 농땡이나 부리는 학생 녀석과 그 가족들을 위해 참고 견뎌왔습니다. 함께 지내다 보면 생물이나 무생물이나 정이 드는 것은 정한 이치라 합니다. 사람이 죽으면 그 사람이 쓰던 물건을 보며 눈물을 흘립니다. 물건이 사람을 생각나게 하고 온갖 추억의 길로 인도합니다.

머지않아 한파가 들이닥친다고 합니다. 혹시 직장에서 쫓겨났거나 가족에게서 버림받은 사람이 제 모습을 본다면 이 겨울이 더 추워질 것 같습니다.

그러니 이것저것 따지지 마시고 누구든 저를 얼른 데려가 새벽 어시장의 모닥불 속에라도 던져 주셨으면 좋겠습니다. 좋은 나무로 만들어진 남은 다리 세 개가 제법 따뜻한 불꽃을 피워 줄 것입니다. -

그러고 보니, 이 세상에 의자 아닌 것이 없어 보인다. 꽃이 앉아 있는 꽃받침도 햇살이 머물다 가는 산등성이도 세상의 의자들이다. 새들이 앉아서 촐싹거리는 나뭇가지는 유난히 너그러운 의자의 모습이다. 나도 누군가의 의자가 되어 그 따스함으로 살아왔을 것이다. 때로 흔들려서 아무도 기댈 수도 쉴 수도 없는 의자였을 때 내가 그렇게 쓸쓸하고 외로웠던 모양이다.

냄새論

시래기타래 호박오가리 무말랭이는 무싯날처럼 시름시름 말라가고
조개를 잘 삶던 큰 아버지 딸, 말수 적은 정례 언니. 소죽 쑤는 사랑방 아궁이 장작 타는 냄새는 따로 왁자하고, 당광목 냄새 나는 할머니방 쪽문 달린 고방의 시큼털털한 찹쌀탁주로 해지기 전부터 얼얼하던 큰집. 제사가 있는 달은 입동과 소설이 들어 있다. 귀신이 좋아하는 냄새가 동구 밖까지 마중을 가는 밤이 무서워 나는 괜히 오금이 저리고 먹은 것도 없이 배앓이를 했다. 뒷간이 먼, 비릿한 달빛 속에 젊은 아버지가 평생처럼 서 있었다. 죽으면 냄새도 못 맡는 이 가을, 나는 갈 데가 많지만 갈 데가 없는 사람보다 더 외로워 나이보다 일찍 죽은 가수의 노래나 듣는다. 월요일 밤 가요무대에서 가수의 사촌 동생이 대신 부른다. 사촌 동생은 대책 없는 가을처럼 늙었지만 노

래에서는 아직도 잘 익은 개암 냄새가 난다. 냄새만큼 질긴 것도 없다. 아버지의 보수적인 냄새는 더 끈질긴 데가 있다.

입동 부근

날씨는 추워 오는데
목이 짧아 울지도 못하고
집에만 있는 내 시가 안쓰러워
단풍 구경이라도 데리고 갈 양
산에 오른다
나무들이 근심을 버리는데도
힘이 많이 드나 보다
기와불사 접수처나 범종 소리나
부근이 다 빈집처럼 조용하다
나도 빈집처럼 살고 싶어
시를 몰래 버려두고 가고 싶지만
내 근심은 가을 끝까지
함께 가보자는 심산인가 보다
아기단풍 빛깔의 우체통 앞에서

다운증후군 아들의
콧물을 닦아주는 젊은 엄마처럼
가여운 나의 시를 데리고
왔던 길을 도로 가야겠다
남은 가을은 얼마 안 되는데
살아갈 일이 또 걱정이다

강물에 쓰는 에필로그

해질녘 구례를 지나는 열차는 느리다
강물이 더 잘 보이는 곳에
산그늘이 내려와 발을 씻는 동안
나는 섬진강에 귀의한 시인의 시를 읽는다
한국시가 범람해도
물소리 닮은 시를 아는 것은
남도를 사는 특혜다
세상은 바람 불고
덧없는 시간은 강물처럼 흘러도
범종은 울리고 시인은 시를 쓴다
쓴다는 말에 방점을 찍으면
종착역이 가깝다는 신호
일상으로 돌아가는 길이 더 멀다
맨해튼에서 택시 기사로 일했다는

맥코이 타이너의 피아노 소리가
강물만큼 유장했는지는 알 수 없지만
생계는 그렇게 숙연한 것이다
서문은 없고 에필로그만 길어져
어제보다 저녁이 더디게 온다

잿빛 하루

하늘은 아침부터 잿빛이다. 거리는 밀랍인형 전시장처럼 을씨년스럽고 겨울 들판은 더 이상 생명을 잉태하지 않을 것처럼 창백하게 굳어 있다.

나는 돌덩이 같은 무거운 추를 가슴에 달고 병원으로 향한다. 병원은 시골길을 얼마쯤 가야만 만날 수 있는 외진 곳에 있다. 오래전 소록도처럼 한센병 치료를 목적으로 세워졌지만 지금은 종합적인 진료를 하고 있다.

몸에 면역성이 떨어진 탓인지 고약한 습진이 내 발뒤꿈치를 물고 놓아주질 않는다. 언제부터인지 기억조차 감감하다. 나았나 싶으면 도로 번지고 정성 들여 약이라도 발라주면 슬며시 숨는 척하는 습진, 그 불청객 앞에서 나는 요즘 쩔쩔매는 신세가 되어버렸다. 변변찮은 피부병 하나에 내 의지나 희로애락이 깡그리 도륙을 당하는 느낌이다. 그러나 이곳에 오면 한센병을 앓았던 사람들이 있다. 많은 시간을 고통과 절망의 늪에서 허우적거렸을 천형에 시달린 사람들이 있다. 한하운 시인의 〈전라도 길〉을 생각하며 조심조심 동네로 들어선다.

가도 가도 붉은 황톳길/숨 막히는 더위뿐이더라/낯선 친구 만나면/우리들 문둥이끼리 반갑다./天安 삼거리를 지나도/수세미 같은 해는 西山에 남는데/가도 가도 붉은 황톳길/ 숨막히는 더위 속으로 쩔름거리며/ 가는 길……/ 신을 벗으면/버드나무 밑에서 지까다비를 벗으면/ 발가락이 또 한 개 없다./ 앞으로 남은 두 개의 발가락이 잘릴 때까지/가도 가도 千里 먼 全羅道길

차창 밖으로 계란꾸러미를 잔뜩 실은 녹슨 자전거 한 대가 지나간다. 코가 뭉개져 내려앉아버린, 나이를 가늠

해 볼 수 없는 남자가 좁은 도로에서 차를 피해 선다. 새로 단장한 약국은 흐린 날씨 때문인지 불빛이 너무 밝다. 계산대에 앉은 여직원은 그대로인데 오늘은 왠지 한센병을 앓았던 흔적이 더 뚜렷해 보인다. 어린아이의 키에서 성장을 멈춰버린 여직원은 목소리 말고는 성한 곳이 한 군데도 없었던 것 같다. 한센씨 덕분에 병마가 떠나서인지 몸짓과 말투가 너무 창창하고 당당하다. 나는 그녀 앞에서 주눅 든 환자가 되어 약을 받는다.

날씨는 험상궂어 한바탕 눈이건 비건 쏟아버릴 기세다. 슬픔을 위로받기에는 잿빛 하늘만 한 것이 없다. 지금쯤 막내 시동생의 시신은 영구차에 실려 화장장으로 가고 있겠지. 눈발이 날리고 서른아홉 살, 거침이 없는 나이의 동생을 보내느라 남편의 가슴은 얼마나 무너지고 있는지. 어머니가 다르지만 유난히 아끼고 걱정하던 아우가 아닌가. 어젯밤 마지막 비행기를 타려고 공항을 빠져나가던 후줄근한 남편의 뒷모습이 내 가슴에 몇 개의 압정을 박아 놓는다.

온종일 월명사(月明師)의 제망매가(祭亡妹歌)가 머릿속을 차지하고 있다. 핏줄에 대한 집착은 승(僧)과 속(俗)이 일반임을 오늘에야 깨닫는다.

　한 가지에서 났지만 가는 곳을 모르는 안타까움을 불후의 향가(鄕歌)가 달래주는 하루가 터널처럼 어둡고 길다.

　유난히 마음이 여리고 착하기만 한 열세 살 소년이 내 기억의 중심에서 울고 있다. 소년은 서른 살에도 내게는 소년이었고, 마흔을 앞둔 지금도 준수한 외모의 소년이다. 남을 배려하는 마음이 너무 넘쳐서 삶에 탈이 더 많았던 짧은 생애를 나는 잿빛 하늘 아래서 애도를 한다. 소년의 해맑은 웃음이 남은 사람들을 위로하느라 눈송이를 헤집고 다니지나 않을까 나는 또 마음을 졸인다.

　막내 시동생에 대한 애틋한 정은 시아버지의 병석에서 석순처럼 자라났다.

　오랫동안 서울에서 딴살림을 하던 시아버지가 췌장암으로 사망 선고를 받았다. 한밤중이었다. 나는 잠든 딸아이를 들춰 업고 택시를 타고 여수에서 서울로 갔다. 수술을 마친 시아버지를 모시고 오면서 서울 식구들을 챙기는 것을 잊지 않았다. 철없는 내가 보기에도 그들은 죽음 저편까지 함께 하고 싶어 하는 절절한 사랑의 집합체였다. 날마다 줄어드는 목숨 줄을 애면글면 바라보며 우리는 처음으로 내 집 네 집이 아닌 한 가족이 되었다.

그때가 바로 내게 주어진 막내 시동생을 보살피고 아껴주던 단 한 번의 기회였다. 나이에 맞지 않은 어린 아들에 대한 시아버지의 사랑은 너무 지극해서 죽음이 그들을 떼어 놓는다는 것은 끔찍한 일이었다.

시아버지가 돌아가시던 날, 나는 그의 죽음을 슬퍼하기보다 서울 식구들의 절망과 슬픔에 더 많은 눈물을 쏟아야 했다. 어린 소년은 아버지의 심장에서 멈춘 핏기를 발끝에서라도 펌프질해 보려고 굳어지는 발을 주무르고 또 주무르며 목을 놓아 울었다. 장례를 마치고 돌아가는 소년의 뒷모습은 지금껏 내가 살아오면서 보았던 어떤 흑백영화의 서러운 장면보다 아프고 모진 모습으로 남아 있다.

하늘은 더 어두워 오고 비가 내린다. 화장장에서의 울

음소리가 빗줄기 속으로 여과 없이 타고 내린다. 그날의 소년보다 더 어린아이 둘을 남겨 두고 바쁘게 길 챙기는 막내 시동생이 미안한 듯 반만 웃는다.

  나는 집으로 돌아가는 차 안의 정적에 몸을 숨기고 검버섯처럼 번져가는 잿빛 하늘에 내 마음을 눕힌다.

  승복을 입은 출가납자는 잿빛으로 세속과의 결연한 이별을 약속받고, 옛 히브리인들은 극한의 슬픔이나 죄인임을 회개하는 표시로 베옷을 찢으며 재를 뒤집어썼다고 한다. 잿빛은 하늘이 연출하는 색조다. 하지만, 때로는 사람의 마음도 하늘과 닮아 잿빛이고 싶을 때가 있다.

  내일은 날씨가 맑아진다는 기상예보지만 나는 얼마 동안 잿빛 하늘 아래 머물러야 할지 모르겠다. 하루치의 잿빛만으로 이 슬픔을 감당하기에는 턱없이 부족할 것 같기 때문이다.

적막한 바닷가

 조그만 항구도시가 설 연휴 동안 꽤나 북적거렸나 보다. 아파트의 주차장이 겨우 평상심을 찾았는데도 쓸쓸하기가 낙조의 바닷가 같다. 자동차 왕래가 뜸한 거리도 맥빠진 노인의 안색처럼 허전하고 창백하다. 반가움과 서운함이 교차한 흔적들이 여기저기 파편처럼 햇살에 반짝이고 있는 오후, 나는 맞이할 사람도 떠나보낼 사람도 없는 무료함을 달래기 위해 바닷가에 간다. 햇살과 물살이 어우러진 바다가 사람의 생사화복과는 무관한 듯 찬란하다.
 길눈이 뻔한 바닷가지만 늘 새로운 느낌이 드는 것은 바람의 탓인가 싶다.
 바람결에 따라 물살과 빛깔이 날마다 다르다. 순한 표

정과 사나운 표정이 수시로 바뀌는 바다는 사람을 살리기도 하고 죽이기도 한다.

바다도 바다 나름이어서 답답한 일상을 벗어나 시원한 바닷바람이나 한번 쐬러 오는 사람들에게는 배설과 위로의 장소지만, 바다를 파먹고 사는 이곳 사람들에게는 바다가 신(神)이 되기도 하고 원수가 되기도 한다. 그런 곡절 많은 바다를 나는 내 집 마당처럼 드나들며 한 마리의 갈매기처럼 수필의 가닥을 찾곤 한다.

잠수기 조합을 지나 선창가로 가다 보면 언젠가 오구굿을 펼치던 곳에 이른다. 물에 빠져 죽은 사람의 시신을 찾지 못해 혼령이라도 건져볼 요량으로 무명베를 길게 풀어 물속에 넣었다 끌어올리는 의식이었다. 무당이 바리데기를 구송하며 신명나게 춤추던 굿판을 나는 우연히 지나다 보았다. 지상과 수중의 한을 풀었다 감았다 하는 모습에 청람색 바다가 금방이라도 시신 하나를 물가에 토해놓을 것만 같았다.

몇 발짝 떨어진 선착장에서는 물옷을 입은 잠녀들이 전복과 소라가 담긴 태왁을 뭍으로 끌어올리고 있었다. 바다가 내어주는 삶에 환호하는 사람들과 바다가 내어주지 않는 죽음을 원망하는 사람들로 그날 바닷가는 물살 보다 술렁거렸다.

오랫동안 폐선들이 묶여 있던 자리에서 발길을 멈춘다.

그 많던 갈매기들은 다 어디로 갔는지 한적하기 짝이 없다. 멸치잡이 어선 몇 척이 낮잠을 자고 있다. 그물 깁는 모습도 밧줄을 매는 어부들의 그림자도 보이지 않는다. 어부들의 시름까지 휴가를 갔나 보다.

마구잡이 어획으로 바다의 무법자이던 소형저인망어선들이 감축을 당해 숫자가 많이 줄었고 어항단지의 애물단지로 취급받던 폐선들도 깨끗한 환경 조성을 위해 치워졌다. 어느 도시에서는 폐선을 활용한 바다 목장의 인공어초(人工魚礁)를 제작했다는데 아쉬운 생각이 스친다.

집채만 한 시크릿1호는 선박 수선 선박으로 사람이 없어도 바다를 지키고 있다. 시크릿1호조차 고쳐낼 수 없었던 폐선을 나는 늘 피해 다녔던 기억이 난다. 몇 년째 운신을 못 하고 누워만 계시던 어머니가 생각났기 때문이다.

어머니의 간병을 언니에게만 맡기고 애써 찾아가 제대

로 된 효도 한 번 해보지 못했다. 그런 내 처지가 어떤 변명을 열거해도 용서가 되지 않는 요즘, 폐선이 치워진 자리를 찾아와 사모곡을 부르는 까닭은 또 무슨 못난 짓인지 모르겠다.

어머니는 한 척의 배였다. 아버지를 잃은 여섯 아이를 태우고 거친 파도를 헤치며 버티어 왔다. 장성한 아들을 잃고 난파선이 될 뻔한 시간도 하늘이 감동할 만큼 잘 견디어 주었다.

폐선들이 치워진 선착장 주변은 이제 낡고 지저분한 흔적들이 다 지워져 산뜻해졌다. 그런데, 너덜거리는 비닐봉지와 갈매기 똥이 희끗거려 볼썽사납던 폐선의 자리가 오늘은 왜 이렇게 헛헛하고 적막한지 모르겠다. 섬들도 멀리 돌아앉은 것 같고 폐선의 옆구리를 동네 건달처럼 치근거리던 파도 조각도 힘이 없다. 여객선이나 고깃배가 지나가며 날개처럼 춤추던 물결에 장단을 맞춰주던 폐선의 추임새가 이제는 그리움으로 텅 빈 바닷가에 머물러 있다.

솟대처럼 바닷가를 지키고 있던 국동 어항단지는 거칠

지만 정겨웠다. 늘 비린내가 풍기고 동네 개가 생선 대가리를 물고 달아나고 아침부터 욕설이 머리 위로 날아다니고 낮술에 불쾌해진 어부가 폐선 틈새에다 오줌을 갈기지만 때로는 만선의 깃발이 무지개처럼 나타나곤 했다. 사라진 풍경은 아쉬움과 그리움의 표적으로 발길을 멈추게 하고 사람이 떠난 자리까지 떠올리게 하는 잔정을 베푼다.

어머니의 빈자리가 또 가슴을 후빈다. 몸을 괴던 좌식 의자며 이부자리며 어머니의 유품들이 치워진 친정집은 골목부터 찬 바람이 불었다. 누워만 있어도 어머니의 훈기가 골목 입구까지 마중 나와 주던 많은 날이 나를 속수무책의 물가로 데려간다. 얼마쯤 시간이 흘러야 어머니의 자리를 편한 마음으로 대할 수 있을지 모르겠다.

이제 곧 선창 가는 활기를 되찾을 것이다. 어탐선은 어군탐지기를 이마에 붙이고 고기떼의 행방을 찾아 닻을 올릴 것이고 집어등을 밝힌 어선들은 밤바다를 대낮처럼 밝혀 줄 것이다. 해양 경비정은 사건 사고를 좇아 달려갈 것이고 갈매기는 뱃전과 자동차 유리창을 가리지 않고 똥을 싸댈 것이다.

그런 날 나는 물때에 맞춰 이곳에 다시 오리라. 폐선의 빈자리에 출렁이는 물살은 만삭의 여인처럼 새로운 꿈을 꿀 것이고, 나는 적막에 길들어진 모습으로 물빛보다 맑은 수필 한 편을 사모곡 대신 쓰리라.

죽 쑤는 남자

 어머니의 장례를 치르고 난 뒤 며칠 동안 뱃속이 뻣뻣하고 살살 아픈 것이 소화제를 먹어도 별 차도가 없다. 입맛은 소태맛이다. 특별히 슬픔을 이기지 못한 것도 아니고 병을 앓는 것도 아닌데 몸의 마디마디를 죄었던 장치가 풀린 듯 맥을 출 수가 없다. 시곗바늘 사이에 이물질이 끼인 듯 시간도 날짜도 멈춰버린 듯했다.

 "병원에 가야 하는 거 아닌가?" 하며 의사에게 나를 떠넘기고 싶어 하던 남편이 쌀을 씻어 죽을 쑤기 시작했다. 마지못해 하는 일 같지는 않고 정말 진지하게 죽을 끓이고 있었다. 철벅철벅 죽 끓는 소리가 들렸다. 눈을 감고 들으니 바닷물이 옴팡진 곳을 때리는 소리 같기도 했다.

위장만 대나무 속처럼 비어 있는 게 아니라 귓속도 깨끗해져 소리가 실제보다 크게 들리는 것이었다.

어느 시인은 해식(海蝕)동굴에 밀물과 썰물이 철버덕거리는 소리를 들으며, 캄캄한 입에 처넣어야 할 것은 죽이 아니라 한 시대의 궁핍한 정신이라고 했다. 이 땅에는 도사와 신선이 된 시인이 너무 많아 세상이 죽통(粥桶)처럼 흔들린다는 것이다.

어디 시인의 세상뿐인가. 요즘은 너도나도 노래 공부를 했는지 가수 아닌 사람이 없고 정치에 대한 관심도 많아 가는 곳마다 아테네 광장을 연상하게 한다. 도통한 사람들이 너무 많아 죽통처럼 철벅이는 세상에서 나는 왜 며칠 동안 배앓이를 하고 있는지 모르겠다. 설마 죽통 속의 일원(一員)도 되지 못한 내 처지가 억울해 배가 아픈 것은 아닌지. 먹고 싶은 것이 없으면 생각도 멈추어야 할 텐데 오히려 잡념이 촉수를 세웠다.

그런 나를 위해 죽을 끓이고 있는 남자. 죽 쑤는 일에까지 이력이 날 필요는 없는데 있는 힘을 다해 죽을 쑤고 있는 모양이다.

쌀 익는 냄새가 처음 맡아보는 향기처럼 생경했다. 얼른 몇 숟갈 떠먹으면 이 현기증에서 벗어날 것 같았다.

죽 한 그릇에 장자의 자리를 동생 야곱에게 팔아버린 에서의 허기가 바로 이런 것이었을까. 하찮은 죽 한 그릇에 운명을 바꿔치기할 수도 있다는 인간의 나약함을 하나님은 은밀히 보여주신 것이리라.

그러니까 죽이라는 음식이 구약시대부터 밥이나 떡보다 허술한 간식거리 정도인 것만은 틀림이 없는 것 같다.

아무짝에도 쓸모없이 되어버린 것을 '죽도 밥도 아니다.'라고 말하는가 하면, 무엇이 어떻게 되어 가는지 도무지 모른다는 말을 '죽이 끓는지 밥이 끓는지 모른다.'라는 말로 대신해 왔다.

변덕이 심하거나 화를 자주 내는 사람을 '죽 끓듯 한다.'라고 하기도 하고, 일의 결과를 나 몰라라 할 때 '죽이 되든 밥이 되든' 하면서 무책임한 태도로 상황을 피해 간다. 밥은 '성공'을, 죽은 '실패'를 의미하는 비유들이다. 그런 실패의 상징 같은 죽을 쑤느라 남편은 아직도 작은 불씨 앞에 서 있다. 기다리다 못해 살며시 다가가 죽 냄비를 들여다보았다. 물이 모자라 죽도 밥도 아니었다.

"그러면 그렇지" 하는 말이 나오는 것을 나는 급회전시켜 "죽 쑤느라 고생하십니다."라고 힘없는 고개까지 숙였다.

"죽이 잘 안되네? 죽 쑤기도 쉬운 게 아니구먼."

"남자가 죽을 잘 쑤면 안 돼요."

하고 보니 의미심장한 말이 되어버렸다.

염색 머리가 막 탈색을 시작하는 남편의 머리카락이 무단히 슬퍼 보였다. '자신의 일생'이라는 단막극에서 주연으로 활약한다고 열심을 다했지만, 어느 날 진짜 주연의 옷자락을 잡고 있는 조연이었음을 확인한 허탈한 모습이었다. 되는 일 보다 안 되는 일이 더 많았던 신고(辛苦)가 가슴에 압정이 박히듯 따끔했다.

그러나 남편은 가장의 역할을 훌륭하게 수행해왔다. 난파선을 붙들고 최후까지 파도와 싸우는 선장처럼 우리 가족을 안전하게 지켜왔다. 나는 언젠가 남편의 생일 선물로 멋진 감사패 하나를 증정해야겠다는 생각을 하고 있었다. 험한 세상에서 우리 가족을 잘 지켜주고 사랑해 준 공로를 향기로운 향나무에다 새겨서 가슴에 안겨주고 싶었다.

물을 더 붓고 끓여낸 죽은 맑은 크리스털 빛이었다. 희경이네 집에서 얻어온 18년 묵은 간장을 곁들여 허기진 배를 달래고 나니 세상이 좀 반듯하게 보였다. 부글거리는 세상사가 삶의 탄력처럼 팽팽하게 느껴졌다. 죽만 쑤고 살았던 고단한 시간들도 준엄한 가르침의 방편이었다는 생각이 메마른 가슴을 촉촉하게 적시고 있었다.

뱃속이 비어서 배가 아팠는지 밀물처럼 졸음이 몰려 왔다. 설익은 밥보다 맛있는 죽을 끓여 주는 남편이 오늘은 더 멋있어 보인다. 나도 변덕이 죽 끓듯 해서 '절망'과 '희망'을 아침저녁 뒤죽박죽 써먹고 있지만 오늘만은 '행복'이나 '감사'에 대한 생각만 해야겠다. 어머니 가신 길도 기웃거리지 말고 밀린 집안일도 잊고 싶다.

죽 한 그릇 먹고 부러울 것 없는 마음으로 낮잠 속으로 빠져들고 싶다.

복사골 가득 복사꽃이 미친 듯이 활활 타오르는 대낮이다.

흰머리 소감

 반나절 동안에 몇 차례 소나기가 내렸다. 어제부터 잔뜩 찌푸린 하늘이 예사롭지가 않았는데 이렇게 난폭한 속도로 여러 차례에 걸쳐 퍼붓는 소나기는 뜻밖이다. 갑자기 북장구를 치며 한바탕 굿판을 벌이는 빗줄기 속에서 거리의 사람들이 젖은 닭처럼 비틀거렸다. 대추 알만한 빗방울이 줄기차게 휘모리장단으로 사선과 직선을 무시하고 퍼붓다 말다 하더니 정오를 넘기고서야 사천왕의 눈썹 같은 쎈비구름을 몰고 사라졌다.
 아마 내 생의 몇 고비도 이렇게 경황없이 스치지 않았을까 싶다.
 나는 체질이 건조해서인지 비를 좋아한다. 그중에서 쥐

어박듯이, 호통을 치듯이 갑자기 퍼붓다가 두말없이 그쳐 버리는 소나기의 성품을 좋아한다.

소나기라면 황순원의 『소나기』와 내 중학교 시절의 '소나기'가 떠오른다. 우산이 귀하던 그 시절에는 왜 그렇게 소나기가 자주 내렸는지 모르겠다. 수업이 끝났지만 비에 묶여 집으로 가지 못한 나와 내 친구는 칠판을 반으로 나누어 시를 썼다. 제목은 '소나기'도 되었고 처마 밑에서 비를 피하고 서 있으면서도 가위소리를 멈추지 않는 '엿장수 할아버지'도 되었다. 화창한 날에는 쓰지도 않는 시를 비만 오면 빗줄기처럼 쉼 없이 써댔다. 비가 키워준 시심이 아직도 내 가슴속을 적시고 있으니 세월이 짧은 것도 같고 긴 것도 같다. 소나기 때문에 오도 가도 못 하던 망연한 시간들이 기억의 저편에서 낯선 나를 보고 있다. 그 단발머리 소녀 시절이 실제로 있기나 했을까. 장자의 나비 꿈처럼 물화(物化)의 영역일까. 결국 시간은 나와는 무관하게 썰물과 밀물로 밀려왔다 밀려간 것임을 알 것 같다.

누군가에게 말을 걸기에도 미안한 팔월의 한낮, 더위가

소나기의 뒷감당을 하느라 더 기승을 부린다. 바다는 송곳처럼 박히던 빗줄기를 넉넉하게 품으며 주름진 물결로 일렁인다. 주름의 아름다움을 이해하지 못하던 시절이 있었다. 얼굴과 목의 주름이 나를 우울하게 만들던 시간은 내 나이를 숨기고 싶은 때였다. 꽃이 시드는 것조차 외면하고 싶었다. 화사하게 핀 꽃나무 앞에서는 괜히 주눅이 들곤 했다. 그런 절벽 같은 시간이 흐르고 나는 어느 날 주름과 화해를 꿈꾸기 시작했다. 무릎의 주름과 개펄에 펼쳐지는 주름의 의미를 깨닫고 어머니의 주름진 얼굴을 그리워하면서 주름과 더불어 살아가는 법을 터득했다. 마음속의 주름까지 시간이 내게 남긴 흔적으로 여기며 애써 주름을 펴려는 노력보다 쓰다듬는 연습을 하는 중이다.

 탄력을 잃어 주름이 생긴 내 모습에 어울리는 것이 흰머리이다. 요즘은 염색약이 발달되어 감쪽같은 빛깔로 물을 들인다.

 어머니의 흰 머리카락을 족집게로 뽑아드리던 옛날의 수고도 필요 없을뿐더러 마음에 맞는 색으로 멋까지 낼 수 있어 유장한 세월도 길을 잃을 만하다. 세상의 공평한 도리는 백발뿐이라는데 나는 한사코 염색한 머리카락으로 가는 시간을 붙잡으려고 억지를 쓴다. 옛글에도 사람들이 흰머리나 수염을 뽑는 것은 늙기를 싫어하기 때문이라 했다.

홍양호의 〈소영 거사가 백발을 장사 지낸 글에 쓰다(題小瀛居士葬白髮記)라는 글을 보면, 홍상철(洪相喆)이라는 사람은 흰머리가 다시 나지 않도록 하려고 뽑은 머리카락을 아예 매장하고 장사까지 지냈다고 한다. 흰머리가 나는 것은 예나 지금이나 이렇게 싫은가 보다.

조선 시대 노수신(盧守愼)이 흰머리를 열심히 뽑자 사람들이 그 이유를 물었다. 노수신은 "사람을 죽인 자는 사형에 처한다. 백발은 사람을 죽이므로 백발을 죽이지 않을 수 없다."라고 하였다. 『지봉유설』에 나오는 이야기다.

다행히 나는 내 나이에 비해 흰머리가 없는 편이다. 다만 머리카락이 나이를 숨기지 못하고 탄력을 잃고 가늘어졌다. 그대로 두면 다른 곳을 아무리 치장해도 소용이 없다. 나이는 물론 오늘의 건강지수까지 탄로가 난다.

그래서 염색할 날짜를 식구들 생일보다 더 챙기고 마음

을 쓴다. 암모니아 냄새도 없으면서 코팅 효과까지 갖춘 염색약으로 푸석거리던 머릿결을 다스리고 나면 몇 살은 더 젊어 보인다. 몇 가닥의 흰머리는 온데간데없고 윤기 흐르는 머리 모양새가 산뜻해진다. 마치 본래의 내 모습을 되찾은 것처럼 가공의 머리카락을 휘날리며 한 달여를 살아간다. 새로워진 내 머리카락이 삼손의 머리카락처럼 내게 에너지를 공급해 주기라도 한 모양이다.

문득 나이가 더 들어 확실한 늙은이가 된 내 모습을 상상해 본다. 더 깊어진 주름으로 이목구비의 경계조차 아리송할 때가 곧 올 것이다. 그때도 나는 머리카락에 물을 들이고 한 살이라도 젊어 보이기 위해 안간힘을 쓸까. 천부당만부당한 일이다. 그때쯤 나는 내 머리카락과 외모에서 자유로워져서 자포자기보다는 아름다운 표현인 참자유인의 모습을 찾게 될 것이다. 할머니 머리칼의 은빛은 저녁의 안식을 누리는 평화로움이다.

지난날을 되돌아본다. 내 모습은 정말 많이 변했다. 그런데 마음과 행실은 하나도 바뀐 것이 없다. 외모가 바뀌는 동안 내면은 무엇을 했는지 아직도 방향에 서툴고 걸음이 더디다. 공자가 존경했던 거백옥(蘧伯玉)은 예순이 될 때까지 예순 번 바뀌었다고 한다. 날마다 자신을 성찰하고 반성하며 일생을 보

낸 까마득한 옛 군자의 일생을 거울삼자니 내가 고분 속의 미라가 될 것 같다. 차라리 철이 안 들고 젊게 사는 방법이 내게 어울리는 양생법일 것 같다.

또 하루가 저물기 시작한다. 비는 다시 올 것 같지 않고 초저녁 하늘에 반달이 걸려 있다. 벌써 염색할 날짜가 다가온다. 유일하게 내 나이를 바로 알고 염치를 차리는 날이다. 한 달에 한 번만이라도 처신을 똑바로 하라는 비상한 처방전이 아닐까 하는 생각을 해본다.

그릇을 씻으며

갈수록 살림살이가 낯설어진다. 손끝에서 일사천리로 진행되던 일상의 마디마디가 고장 난 관절처럼 삐걱거린다. 살림살이가 나를 떠나고 싶어 무슨 혁명 같은 걸 꿈꾸는 걸까. 집안을 둘러본다. 내 편인 것은 하나도 없고 간신히 싱크대 옆에 물기 없는 그릇 몇 개가 엎디어 내 손길을 기다리고 있을 뿐이다. 마치 일상의 건조함을 질책하는 경고문처럼 보인다.

언제부턴가 집안에서 각별히 애정을 쏟아 몰두할 일이 없어졌다.

나는 글만 쓰는 전업 작가가 아니어서 문방사우(文房四友)를 둘 일도 없을뿐더러 바느질할 일도 없어서 쟁론을

벌일 만한 안방 친구들도 없다.

규중칠우쟁론기(閨中七友爭論記)에 보면 감투할미를 비롯하여 척부인, 교두각시, 세요각시, 청홍각시, 인화낭자, 울낭자가 각기 제 공을 내세우며 다투고 있다. 낮잠에서 깨어난 주부인이 엄하게 꾸짖는데, 그들은 한술 더 떠 부녀자들의 자신들에 대한 부당한 대우를 성토하고 나선다. 몹시 화가 난 주부인이 모두 내쫓겠다고 하자 감투할미가 용서를 빌어 화를 면하게 되었다는 이야기다. 머지않아 집안으로 가사용 로봇이 등장한다는 말이 나도는 시점에서 나는 왜 갑자기 주부인의 당당한 기세가 부러운 걸까.

나른한 봄날 탓인지, 목련이 벙글 때면 어머니의 손길이 바빠지던 고향 집 대청마루가 눈앞에 가물거린다. 그리움의 마루청을 널뛰기처럼 훌쩍 뛰어넘어 온 가뭇없는 세월 앞에서 나는 설자리를 잃고 자주 비틀거린다.

각종 가전제품이 집안을 설치고 다니며 일의 전말을 주도한다. 빨래며 청소며 밥 짓기까지, 플러그를 꽂고 온

(on)이나 스타트(start)만 누르면 만사형통인 것이 집안에 우렁각시를 데려다 놓은 꼴이다.

 가끔 설거지가 귀찮고 싫다는 주부들의 불만을 듣는다. 음식을 만들고 상을 차려 먹는 것까지는 할만한데 제발 설거지는 누가 좀 해줬으면 하는 것이다. 식기세척기라는 물건도 있지만 나는 아직 써 보지 못했다. 서양의 접시 문화에 맞는 식기세척기가 어떻게 우리의 주발과 종지들의 옴팡진 부분까지 닦아낼 수가 있을지도 의문이다. 우리나라 여인들은 곡선으로 빚어진 항아리와 올망졸망한 그릇의 그늘진 속까지 손으로 어루만지듯 닦으며 살아 왔다. 마치 한(恨)으로 얼룩진 가슴을 쓸어내리듯 그릇을 씻으며 자리를 지켜 왔다. 어쩌면 사발을 씻어 엎어놓은 모습을 쏙 빼닮은 무덤 속으로 들어갈 때까지 그릇 앞에서 작은 행복을 누렸을지도 모르겠다.

 강물이 아래로 흐르듯이 내게도 그런 유전자가 스며들어 내 손으로 그릇 씻기를 좋아한다. 이제는 설거지하는 일에 이골이 나서 아무리 많은 그릇이 쌓여 있어도 대수롭지가 않다. 어렸을 적에 하늘에 검은 구름이 몰려오면 어머니를 도와 비설거지를 할 때처럼 신바람을 내며 그릇을 씻는다. 수돗물 소리를 음악으로 들으며 그릇을 헹구면 마음을 헹구는 것처럼 상쾌함이 온몸을 감싼다. 푸성귀를 씻어 놓은 듯 시들한 마음이 파릇파릇해지곤 한다. 삶에 지쳐 마음까지 어수선할 때는 자주 쓰지 않는 그릇까지 꺼내 씻는 버릇이 있다. 그러다 보면 무엇을 깨닫겠다고 산사를 찾을 것도 없이 나는 싱크대 앞에서 그만 해탈하고 만다. 매일 그릇을 씻듯이 나도 늘 닦아야 할 그릇임을 알아챈다. 기름때에 절어 냄새가 나고 다시는 음식을 담을 수 없는 용기가 되기 전에 닦지 않으면 안 될 한 개의 '그릇'인 것을, 더럽혀진 그릇과 맑은 물과 수고로운 손에서 깨닫는다.

내 손에서 공깃돌처럼 길이 들어 반짝거리는 그릇들을 보고 있으면 밥그릇, 국그릇, 큰 접시, 작은 접시 할 것 없이 다 소중하고 사랑스럽다. 제각기 쓰임새가 달라도 귀하고 천한 것이 따로 없다. 원래 그릇의 성품은 순하지만 담긴 음식의 빛깔이나 맛에 따라 그릇의 모양도 달리 보일 때가 있다.

 빚어진 크기나 깊이만큼 수용하는 그릇을 보면서 나는 어떤 그릇에 속할까 하고 종종 생각해 본다. 가끔은 남의 밥그릇 노릇을 하는 처지가 되기도 하고, 계란프라이 하나 달랑 올라앉은 접시꽃만 한 예쁜 그릇이 되는 날도 있다.

 많은 부모가 자식을 낳아 기를 때 그릇이 큰 사람이 되길 원한다. 그릇의 크기가 앞날을 점치는 것처럼 부디 '큰 그릇'이 되라는 부모의 마음을 모르는 바 아니지만 세상에 그릇 큰 사람만 있다면 사람 사는 세상이라고 할 수 있을까. 크고 작은 그릇들이 모여서 생명을 받드는 밥상이 되듯이 사람도 각각의 그릇대로 맡은 역할을 다할 때 신명나는 이승의 놀이마당이 되는 것이 아닐까 싶다. 족함과 부족함이 모인 세상, 슬픔과 기쁨이 함께 하는 세상, 크고 작은 것들이 어울리는 세상이 모두가 꿈꾸는 아름다운 지상의 모습일 것이다. 그릇은 크기보다 무엇을 담느냐에 따라 그릇의 가치가 달라진다고 한다. 맛없고 거친 음식이 가득 담긴 양푼보다 영양가가 있는 정갈한 음식을 담은 작은 보시기가 밥상의 언어다.

  시대가 바뀌고 먹을거리가 달라져도 밥상의 그릇은 예나 지금이나 한결같이 담긴 음식만큼만 맛과 향기를 낸다. 그런데 사람의 그릇은 서로 잘났다고 부딪치며 다투는 소리가 그릇 깨지는 소리보다 날카롭다. 다들 제 그릇이 가장 크기 때문에 세상을 다 담아야겠다는 것이다. 밥상을 뒤엎어도 자기만 밥상의 주인이 되고 싶다는 마음 그릇이 간장 종지보다 작아 보인다. 왜 사람의 능력이나 도량을 '그릇'이라고 했는지 알 것 같다.

  그릇을 씻다가도 마음이 저려오는 순간이 있다. 나를 소중한 그릇처럼 아껴주시던 어머니를 생각하면 부끄럽고 죄송하다. 엊그제 돌아가시는 날까지도 그릇의 모양새를 보여 드리지 못했다. 그런 나를 어머니는 왜 그렇게 청자 백자 보듯 대견스러워하셨는지, 어머니의 그릇을 세상의 척수로는 알 수가 없다. 이 글을 쓸 수 있게 딸의 마음 구석까지 놋그릇처럼 닦아주고 떠나신 어머니를 생각하며 슬픔을 헹구듯 그릇을 헹군다.
 어쩌면 우렁각시에게 내 밥그릇까지 빼앗길까 봐 어머니는 항상 그릇을 소중히 여기고 마음자리처럼 가지런히 씻어 놓아야 한다고 가르치셨는지도 모르겠다.

새벽 단상

아무리 생각해도 이곳으로 거처를 옮겨온 것은 잘한 일이었다. 공동묘지가 차지하고 있던 산비탈을 깎아 대형 아파트단지로 만들 때 너도나도 탐을 내던 곳이다. 명당자리를 빼앗긴 망자들이 떠나자마자 각종 새들이 사람보다 먼저 터를 잡아버린 나지막한 뒷산과 몇 개의 알(卵) 같은 섬들을 품고 있는 바다가 새로운 주거지로서의 가치를 상승시킨 모양이다.

집을 떠나 있다가 오랜만에 돌아오면 바다는 언제나 송구하리만큼 너그러운 표정으로 나의 외도를 감싸 준다. 그래서인지 하루 이틀이면 여독이 풀리곤 한다.

지금 나는 미국과의 시차 때문에 한밤중에 일어나 새벽

이 오기를 기다렸다가 산책을 가는 길이다. 온 동네가 단잠에 빠져 있는 시간에 바다를 옆구리에 끼고 걸어가면, 풍경과 사물들이 하나씩 모습을 드러내며 아는 체를 한다. 작은 돌멩이 하나 풀꽃 하나도 그냥 지나칠 수가 없다.

 푸르스름한 길바닥에 참새 수십 마리가 입방아를 찧고 있다. 마치 신명을 다해 어둠을 깨고 있는 것처럼 보인다. 어찌 보면 둥글고 작은 머리를 조아리고 조아리는 모습이 새벽 기도를 드리는 사제들처럼 경건하게도 보인다. 단조로운 풍경 하나에 자유로운 영혼의 순례자가 된 기분이다. 가진 것 없이도 넉넉한 하루가 될 것 같다.

 가로수로 심어놓은 후박나무 위에는 몇 마리의 참새들이 출싹거리며 이 가지 저 가지로 옮겨 다닌다. 마치 자유를 못 견뎌 안달을 하는 것 같다.

 어느 집 담장 안에서 닭 울음소리가 들리고 비로소 신월동 버스 종점 마을은 잠에서 깨어난다. 종점을 지나면 인가가 끊기고 산 너머 동네를 잇는 공사 현장이 펼쳐져 있다. 새로 퍼다 놓은 흙더미들이 부스럭거리며 기지개를 켠다. 생살의 흙을 만져본 지가 언제였던가. 아스팔트의 속도에 갇혀 흙냄새조차 잊고 살았다. 흙은 모든 생명의 시작이고 마지막이라는 평범한 진리가 오늘은 가슴 깊이 흙의 앙금처럼 가라앉는다.

어느 시인은 그의 시에서, "흙이 가진 것 중에 제일 부러운 것은 이름이다. 흙 흙 흙 하고 그를 불러 보면 눈물샘 저 깊은 곳으로부터 슬프고 아름다운 목숨의 메아리가 들려온다."라고 했다.

알싸한 눈물 냄새가 차오르는 흙무더기 곁에 참새 한 가족이 빙 둘러앉아 있다. 내게도 두레 밥상에 모여 앉아 밥을 먹던 어린 시절이 있었다.

무슨 입소문을 듣고 왔는지 또 한 무리의 참새들이 후박나무 가지 위로 날아든다. 나뭇가지 층층마다 빼곡히 자리를 잡는다. 딱정벌레나 거미도 드나들지 못하는 정갈한 후박나무 가득 참새들만 앉아서 노닥거리고 있다. 가끔 한곳을 뚫어지게 바라보는 모습은 지휘봉에 주목하는 합창단 단원들처럼 단정하다. 어느 틈에 사람처럼 일터와 쉼터를 따로 정했을까. 아직 아무도 살 곳을 정하지 못하는 외진 곳에, 이렇게 이른 시간에 동네 하나를 만들다니 사람보다 영악하다. '한 나라의 참새 수효는 그 나라의 인구 수효와 맞먹는다.'라는 조류학자들의 주장이 있지만 사람의 수효는 한없이 늘고 참새는 어느덧 우리 곁을 떠나고 있다. 그나마 텃새로 남아서 제 영역을 확보해야만 살아남을 수 있다면 참새들도 영악해질 수밖에 없겠다.

서서히 밝아오는 길에서 먹이를 발견한 걸까. 참새들이 다리를 나란히 모으고 후박나무 가지에서 토닥토닥 뛰어내린다. 저 눈부신 착지(着地), 한 치의 오차도 흔들림도 없다. 작고 여린 두 발로 땅 위에 내려앉는 참새들의 힘이 우주를 팽팽하게 잡아당긴다. 나도 움츠렸던 어깨를 활짝 펴본다.

탄력과 균형 위에서 참새들은 무엇이 부족한 걸까. 또 좌불안석이다. 하릴없이 총총 걷기만 하는 놈, 부산하게 먹이만을 탐하는 놈, 촐싹촐싹 앙감질하는 놈, 뒤처져 자꾸 먹이를 뺏기는 놈, 사람 사는 세상과 너무 흡사하다.

차분하게 머물지도 못할 참새들이 오두방정을 떨며 나

무 위로 다시 올라선다. 바람만 불어도 흔들리는 어린 후박나무를 마치 제집인 양 드나들며 쉬지 않고 재재거린다. 나도 그동안 너무 많은 말을 하고 살아온 것 같다. 새가 재잘대면 자연이 되고, 사람이 재잘대면 공해가 된다는 송곳 같은 상념 하나가 가슴에 박혀온다.

새로 닦는 길 저편을 바라보던 참새들이 일제히 약속이나 한 듯 차곡차곡 땅 위로 내려선다. 조만간 몇몇 가족은 이곳을 떠나 새로운 삶터를 찾아가리라. 15년 전 이민 가방을 들고 낯선 땅에 무겁게 내린 내 모습처럼.

친구가 빌려온 유홀 이삿짐 차를 따라 샌프란시스코로 가던 길에서 본 넓은 땅덩어리가 나의 무대만 같았던 착각을 참새들도 하고 있을까.

텃새도 철새도 못 되면서 허공에 머무는 시간이 새보다 많았던 것 같다.

나는 미국과 한국을 오가는 기러기 엄마였고, 뿌리를 내리지 못하고 바람에 굴러다니는 텀블위드(tumbleweed) 같은 사막의 풀이었다.

햇살이 성큼 이마에 와닿는다. 반짝이는 바다가 어머니의 하얀 옥양목 치맛자락처럼 나를 감싼다. 지친 탕자를 끌어안은 어머니의 모습이다.

어딘가 내 마음 앉힐 자리가 있을 것 같은 예감으로 집으로 가는 발길이 바빠진다. 텃새처럼 총총 걸어간다. 나는 오늘 어디에다 마음을 내려놓을까. 조금 기름진 땅이면 어떻고 조금 메마른 땅이면 어떠랴. 두 발을 참새처럼 가지런히 모으고 정말 아름다운 착지 한번 하고 싶다.

뒤늦은 안부

여기저기서 꽃소식이 들려오는 삼월이다. 오동도에서는 어제부터 동백꽃 축제를 열어 바다와 섬과 동백꽃의 어우러진 모습을 보러 오라 한다. 어느 핸가 이맘때 오동도를 제목으로 쓴 시 한 편을 새삼 읽어 보며 문득 동백꽃을 보러 가야겠다는 생각을 한다.

이른 봄날이면/감감무소식의 사람들이/관제엽서처럼 날아드는 곳/뱃길 말고는 이정표가 없는/종착역을 빠져나오면/스치는 사람마다 동백꽃으로 피어나는/섬이 있다.('오동도' 중에서)

오동도에서 동백꽃 소식이 들려오면 우리 동네 수선집 앞 옹색하게 생긴 목련나무에 흰 꽃들이 바쁘게 피어난다. 개나리 진달래 산수유에 이어 팝콘처럼 부풀어 오르는 벚꽃들에 취해 나는 봄이 다 가도록 몸살을 앓는다.

오늘은 동백꽃을 보러 가기에는 틀린 것 같다. 봄을 시샘하는 겨울의 뒤끝이 곱게 물러가지 못하고 마지막 심통을 부리고 있다. 하릴없이 일요일 11시 뉴스를 본다.

아프리카 3개국을 순방 중인 대통령이 알제리를 방문하는 모습이 화면을 가득 채운다. '알제리'라는 나라 이름을 듣는 순간 나는 까맣게 잊고 있었던 사람의 이름이 떠올랐다.

무슈 페레즈! 무슬림의 부모를 따라 프랑스에 정착해 프랑스의 교육을 받은 알제리 사람. 사회보장제도가 잘 돼있는 프랑스의 생활이 아무리 편안해도 은퇴하면 고향 알제리로 돌아가 여생을 보내고 싶다던 사람이다.

여천공업단지에 호남화력발전소를 건설하던 해였다. 프랑스의 알스톰사에서 터빈발전기의 제작과 설치를 위해 많은 프랑스인이 와 있었다.

  나는 기본적인 영어 실력 몇 마디를 가지고 그 회사에 취직을 했다. 모자란 능력을 채우기 위해 밤늦게까지 혼자 남아 텔레타이프로 국제전송문을 보내는 기술부터 익혔다. 그리고 프랑스어를 공부하고 영문 타이핑을 손가락 끝에 불이 나도록 연습을 했다. 내 속의 가능성을 실험해 보던 당찬 시절이었다. 그러나 수많은 시행착오 끝에 얻어지는 능력에 한계가 있었다. 그때 서투른 나의 업무를 도와주던 사람이 무슈 페레즈다. 그는 내가 모르는 것에 대해 몇 번을 물어도 친절하게 가르쳐 주었다. 그는 무슬림의 아들답게 모든 일에 철저했지만 의심도 많았다. 특히 건설 현장에서 부딪치는 이방인들을 경계했다. 사람에 대한 것은 모두 내게 슬쩍슬쩍 물어서 판단하는 것 같았다. 나는 그가 믿는 유일한 한국인이었다. 부인이 알고 싶어 하는 주변 소식도 메모해 두었다가 내게 묻곤 했다.

  현장소장인 듀보 씨의 지극한 배려도 지금까지 잊지 못하고 있다. 그것은 내가 겪은 어느 누구보다 짧은 시간에 나를 인정하고 믿어 준 사람이었기 때문이다. 나는 세월이 흐를수록 그분들이 큰 나무나 산처럼 내 곁에 늘 살아 있는 것처럼 느끼곤 한다.

현장 일이 끝나고 한국을 떠나면서 그들은 아듀! 하면서 손만 흔들고 가지 않았다. 프랑스 대사관 상무관실에 새 직장을 마련해 주고도 섭섭했던지 '라퐁텐 우화집'을 내게 안겨 주었다. 나는 몇 차례 거처를 옮기면서 그 책들을 잃어버렸다는 사실을, 몇 년 전 책 정리를 하면서 알아차렸다. 너무 아쉽고 허전했지만 똑같은 전집을 구할 수가 없었다. 할 수 없이 예전 것과는 사뭇 다른 '라퐁텐 우화집'을 새로 주문해서 머리맡에 두고 조금씩 읽고 있다.

아침마다 자신의 승용차와 운전기사를 보내 내 출근길을 편하게 해 준 일도 내게는 큰 호사였다. 회사의 출퇴근 버스가 있는데도 한사코 그런 배려를 아끼지 않은 사람을 나는 그 후로 만나 본 적이 없다. 내 인생의 한 가운데 밝은 색조를 마음껏 칠해 주고 떠난 그분들의 따뜻한 마음과 고집스러운 나를 신뢰해주던 고마운 정이 새삼 눈시울을 뜨겁게 한다.

다시 만나기 어려운 인연인데도 끝까지 친절을 베푼 사

람들, 나는 프랑스의 지명만 읽어도 그립고 가슴이 저려 온다. 몇 번 다녀온 것처럼 낯설지 않은 곳이다.

 이렇게 늦게 그들의 안부를 물어도 되는지 모르겠다. 듀보 씨는 그때도 연세가 많았으니까 돌아가셨을 것 같다. 그러나 무슈 페레즈는 어쩌면 그가 소원했던 대로 고향으로 돌아가 여생을 보내고 있을지도 모를 일이다. 어쩌면 한국의 대통령이 알제리를 방문한 기사를 보고 한국의 반도 끝에서 만난 당돌한 아가씨를 기억하고 있을지도 모르겠다.

 내 젊은 날의 갈피마다 많은 기쁨과 슬픔이 묻어 있겠지만, 그 가운데서 첫 번째 들춰보고 싶은 갈피는 내가 낯선 이방인들과 함께 일하던 건설 현장이다. 알아듣는 말보다 못 알아듣는 말이 더 많았지만, 그만한 소통으로도 극진한 대접을 받은 것을 나는 지금까지 고마워하고 있다.
 '오동도'의 뒷부분을 읽으며 꽃샘바람 때문에 건진 소중한 추억 한 편을 붙잡고 그리움을 달래본다. 그리고 생사도 모르는 무슈 듀보, 무슈 몽타뇽, 그리고 무슈 페레즈에게 내 사색과 짧은 글 한 편으로 안부를 대신한다.

먼 길 돌아와/더 이상 탕진할 것도 없는 나는/동박새 놀다간 동백나무 가지 끝에/탁본한 생을 조등으로 걸어놓고/매기지 못하는 선소리 한 마당/동박새 울음으로 풀어놓는다/('오동도' 중에서)

감나무를 베끼다

　감 익는 계절이 왔습니다. 아이들의 눈망울 같은 풋감이 푸른 잎사귀 사이에서 뛰쳐나와 어느새 주먹만큼 자랐습니다. 자연의 순리에 또박또박 대답을 하는 성실한 감나무를 오래 쳐다봅니다. 바람결에 잎사귀가 뒤집히는 미세한 소리는 귀에 들리지 않습니다. 눈으로만 볼 수 있는 관음(觀音)의 영역입니다. 이 모두가 감을 살찌우기 위한 감나무의 따뜻한 몸짓으로 보입니다. 옛 시인 묵객들은 시엽제시(柿葉題詩)라 하여 말린 감잎에 시를 써서 주고받았다고 합니다. 지필묵이 흔한 요즘은 종이 한 장에도 마음을 담아 보내는 여유가 없어졌습니다. 가끔은 속도와는 무관하게 시간을 보내고 싶은 생각이 간절합니다.

심상치 않은 긴 여름을 밀치고 정녕 가을이 왔나 봅니다. 더위에 맥이 빠져버린 뒷날은 추석이었습니다. 서정주 님의 시에서처럼, '휘영청 달이 밝아 뒷산의 노루들은 좋아서 울고, 대숲에 올빼미는 덩달아 웃고 달님도 소리내어 깔깔거리고 웃는다'라는 추석이었습니다. 그날 아침 선뜻한 이마의 감촉에, "아, 가을이네!" "가을, 맞지?" 서로에게 묻고 확인까지 했습니다. 호된 더위에 놀란 가슴이 아직 가라앉기도 전이었습니다.

 여름의 더위가 마치 제 탓이나 된 듯 고개를 숙인 해바라기의 까칠한 모습 곁에서 생기발랄한 코스모스가 바람에 출렁거립니다. 참 대조적인 풍경을 바라보며 강물 같은 시간의 흐름을 감지합니다.

 신풍 애양원 동네 입구에서 감나무를 만났습니다. 탐스럽게 익기 시작하는 감들이 가지가 찢어질 듯 매달려 있었습니다. 애양원은 애초에 한센병 환자들의 정착촌이었습니다. 동네 사람들은 병을 앓던 흔적이 아직 남아 있기 때문에 사람들의 시선을 달가워하지 않습니다. 병원 앞에는 보기에 안쓰러울 정도로 뒤틀리고 울퉁불퉁한 모과나무 한 그루가 서 있습니다. 솟대도 아니고 나무 장승도 아닌데 마을을 지키는 수호신처럼 보입니다. 봄에 갔더니 죽은 줄 알았던 그 나무에서 싹이 나고 줄기와 잎사귀가 무성해져 놀라움을 금치 못했습니다.

애양원 사람들도 상하고 곪아 터진 삶 위에 꽃을 피웁니다. 실하고 탐스러운 각종 농작물과 건강한 가축들을 보면 금방 알 수 있습니다. 게다가 가을이면 집집마다 감이 익어 불을 밝힌 듯 환합니다. 소외된 삶을 사는 그들이 감나무 아래서 활짝 웃었으면 좋겠습니다.

가을은 우리가 모르는 여러 빛깔들을 데리고 바쁘게 움직입니다. 미처 못 익힌 과육을 닦달하고 산과 들에 새로운 기운을 불어넣습니다. 사람들은 맑은 얼굴을 들이대는 쑥부쟁이나 노란 탱자나무 울타리를 그냥 지나치지 못합니다. 가을에만 볼 수 있는 호사로운 풍경이기 때문입니다.

해마다 이맘때가 되면 나는 감 익는 마을로 갑니다. 지리산 아랫동네에도 가고 선암사 길목도 더듬고 다닙니다. 천지사방에 가을 아닌 것이 없습니다. 그중 가을을 가장 가을답게 꾸며주는 것이 감이 익는 모습인 것 같습니다.

감나무 한 그루는 가을을 베끼기에 좋은 서책입니다. 나는 감나무 그늘에서 어린 시절을 보냈습니다. 가을이 깊어질 무렵이면 아버지를 따라 감나무가 많은 큰집에 갔습니다. 감나무 아래 채소밭에서 흙냄새를 맡으며 대추나무를 흔들어 놓기도 하고 떫은 감 맛과 단감 맛으로 나뭇잎을 가려내기도 했습니다.

어느 날 아버지는 아예 감나무 몇 그루를 파다가 우리 집 마당에 심어주셨습니다. 나는 봄부터 작은 병처럼 생긴 감꽃과 단추 같은 감이 굵어지고 익는 것을 보면서 계절이라는 것이 헌 옷과 새 옷의 감촉같이 느껴졌습니다.

아버지는 잘 익은 홍시를 이웃의 노인들께 드렸습니다. 저승길을 밝혀준다고 하셨습니다. 아버지는 내가 중학교 다닐 때 돌아가셨지만 감 익는 계절이 되면 아버지에 대한 그리움이 소슬바람처럼 가슴을 훑고 지나갑니다.

가을의 이별은 유독 뼈가 시리는 고통이 따릅니다. 감나무에 얽힌 이별에 대한 이야기가 생각납니다. 할아버지와 할머니가 80살이 넘게 사시다가 할머니가 먼저 세상을 떴습니다. 넓은 마당에는 오래된 감나무가 있었는데

할머니가 돌아가시던 그해에는 유난히 감이 많이 열렸습니다. 할머니를 묻고 오신 할아버지가 갑자기 "저 감 때문이야!" 하시더니 감나무를 도끼로 찍어버렸습니다. 남편이 들려준 시할아버지의 감나무 도끼 사건입니다. 남편은 삼국지의 적벽대전 한 장면을 설명하듯 극적인 어투를 사용합니다. 물론 그 속뜻은 이별에 대한 아픔이 독사보다 무섭다는 뜻이라 여겨집니다.

 붉은 감으로 빼곡하게 채워진 감나무는 눈으로만 보기에는 참 벅찬 내용입니다. 고운 단풍이나 청명한 하늘과 아우르면 내가 어린 시절 크레파스로 그린 풍경화와 많이 닮아 있습니다. 세월이 아무리 흘러도 가을을 대표하는 그림 한 장은 퇴색하지 않고 남아 있습니다.

 내 생애의 가을 하나가 저만치 가고 있습니다. 감나무를 베껴 쓴 수필 한 편이 가을을 붙들 수는 없지만, 그냥 보내는 가을보다는 덜 쓸쓸할 것 같다는 생각을 해 봅니다.

말년 일기

2023년 3월 8일

오늘부터 일기를 쓰기로 했다. 중고교 시절에 열심히 썼던 일기장은 언제 어디서 없어졌는지 모르겠다. 말년의 시간, 문득 일기를 써야겠다고 다짐을 하기도 전에 설렘이 앞선다. 잠자던 뇌세포가 깨어나 기지개를 켜는 새벽은 명징한 생각이 들기에 좋은 시간이다.

다른 날보다 한 시간 빨리 일어나 남편과 함께 야채수를 마신다. 작년 4월에 남편이 췌장암 진단을 받고 시작한 영양요법 중 하나가 야채수다.

병원 의사는 바로 입원을 하라고 했다. 항암치료로 혈관으로부터 암을 떼어놓으면 수술이 가능하다고 했다. 수술을 하지 않으면 6개월밖에 살지 못한다고도 했다. 남편이 초등학생 같은 질문을 하니까 교과서 같은 정답을 가르쳐 주었다. 나는 숙연하게 듣고 "잘 알겠습니다. 감사합니다." 하고 진료실을 나왔다. 국내에서 명의의 반열에 든 의사의 권고가 징징거리며 발목을 잡았지만, 우리는 열차 시간을 놓칠세라 서둘러 병원을 빠져나왔다. 사흘의 말미를 얻은 것은 잘한 일이었다. 어려운 선택이나 결심을 할 때는 집만큼 편한 곳이 없다는 것을 잘 알기 때문이었다. 속수무책의 하루를 끌고 돌아오는 길이 갈 때보다 멀게 느껴졌다.

'몸 안의 의사가 못 고치는 병은 어떤 명의도 소용이 없고, 먹을거리로 못 낫는 병은 어떤 명약도 듣지 않는다.'라는 말은, 2500년 전에 히포크라테스가 갈파한 자연치유력의 핵심 설명이다. 암 방치 요법으로 편안한 여생을 선택한 남편에게 내가 무슨 책에서 읽어준 말이다. 병마를 응징하는 것보다 함께 늙고 시들어가는 모습이면 어떤가. 생로병사는 누구나 겪고 있는 개별적인 자연현상인 것을.

어제 수배해 둔 트럭이 벌써 냉동 공장 앞에 와 있다고 전화가 왔다. 냉동 공장까지는 10분도 안 걸리는 가까운 곳이다. 가깝지만 나는 애써 바다 쪽으로 운전을 해서 물살의 낯빛을 살핀다. 아침 바다를 옆에 끼고 몇 걸음만 달려도 힘이 생긴다. 나는 바닷가에 살면서 바다가 발산하는 에너지를 흠모하고 즐긴다. 소형 어선들과 멸치 배들도 그 힘을 믿고 출항을 서두르는 아침이다.

남편이 거래처 회사에 실어 보내야 할 멸치 더미들도 네팔 노동자들에 의해 출고를 마친 상태였다. 몇 년 전만 해도 한국 사람들이 하던 고된 일을 외국인 노동자들이 하고 있다. 나는 그들이 열심히 일하고 고향에 돈 부치는 일 말고는 다른 걸 하는 모습을 본 적이 없다.

멸치를 실은 트럭은 충청도 제천까지 무사히 갈 것이다. 그리고 물건을 받은 회사는 아마 크게 만족할 것이다. 며칠 전 경매장에서 물건을 잘 샀다고 내게 큰소리친 남편의 목소리도 트럭을 따라갔으니까.

2023년 3월 13일

　오늘도 두말없이 바쁘다. 체력이 달리고 졸음이 쏟아진다. 어젯밤에 잠을 설친 탓이다. 덕분에 지인이 선물로 준 새 책을 반이나 읽었다. 일본의 정신과 의사가 노화의 갈림길에 대해 쓴 내용이어서 밤이 새벽이 되는 줄도 몰랐다. '〈최후의 활동기〉를 어떻게 보내느냐에 따라 노화를 늦출 수 있다!'라는 문장이 잊히지 않는다.

　그러나 오늘은 가장 젊고 좋은 날, 맛있는 채소 수프를 만드는 날이다. 채소 수프는 노화나 생활 습관 병의 원인인 만성염증을 억제한다고 해서 내가 직접 실행한 지가 몇 달 되었다. 가열한 각종 채소를 믹서에 갈아서 포타주로 만들어 먹는다. 단호박, 양파, 토마토, 양배추, 시금치, 브로콜리 등, 흙과 바람과 햇볕을 먹고 자란 색색의 야채들이 모두 우리 주방의 냄비 속으로 들어간다. 남편의 치병 때문에 식생활이 달라지고 새로운 경험을 한다. 활성산소로부터 몸을 지키는 데는 채소 수프가 으뜸이라는 일본 암예방학회 회장인 마에다 히로시 교수의 저서를 나는 읽고 또 읽는다. 나도 금세 잊어버리는 나이가 되었으니까. 이제 습관이 되어 온전한 내 것이 되는 일상을 나는 끽다끽반(喫茶喫飯)의 경지까지 올려놓고 싶다. '차를 마실 때는 차 그 자체가 되고 밥을 먹을 때는 밥 그 자체가 되라.'는 말이다.

  어제는 일요일, 궂은 날씨를 벗 삼아 승주에 사는 친구들을 만나러 갔다(일기를 쓰지 못해 오늘 몇 자 적어둔다). 불규칙한 빗소리를 들으며 선암사 아랫동네까지 가서 목련과 매화를 보고 산채비빔밥을 먹었다. 산채 맛은 없었지만 조계산 산자락만 보고 와도 마음이 편안해졌다. 나는 시를 쓰면서 많은 씨앗을 선암사 근방에서 얻어 왔다. 잘 발아해서 시가 되는 것도 있고, 썩어 없어진 것도 있다. 그중에 '민박집 봄'이라는 시가 있다. 어느 해 민박집 마당에서 만난 목련꽃이 조계산 얼굴보다 커 보여서 부처님의 화신인 줄 알았다. 그 시를 고 송수권 선생께서 자신의 저서 "상상력의 깊이와 시 읽기의 즐거움"에 실어 주셨다. 중견 시인들의 빛나는 시들 사이에서 눈치를 보듯 끼어 있다. 그리 당당해 보이지 않아서 나는 잘 열어보지 않는다. 흰 목련꽃이 고봉밥처럼 부풀어 오르고 배고픈 중생들과 극락정토를 대비 감각으로 처리한 이미지를 찾아 주셨다.

다시 목련의 계절이다. 꽃을 보고도 두근거리지 않고 도무지 흥이 나지 않는다. 애써 나이 때문이라고 말하고 싶지는 않다. 내게는 아직 '최후의 활동기'가 남아 있지 않은가. 심장이 마라토너처럼 뛰지는 않지만, 말년의 나를 만나는 시간이 조금은 설렌다. 그리고 남의 일처럼 궁금하다.

그래도요

 나는 가끔 당일치기로 서울에 다녀오는 일이 있다. 목적지가 강북이면 KTX를 이용하고, 강남에 볼일이 있으면 고속버스를 탄다. 하루 만에 볼일을 보고 일상으로 돌아오면 몸은 고되지만 마음은 한가롭다. 남편의 장례를 치르고 한 달하고 며칠 지나 미루던 서울행을 감행했다. 새벽 5시 고속버스로 가서 용무를 마치고 오니까 벌써 어둑했다. 터미널 주차장에 차를 세워 두었으니 가벼운 맘으로 버스에서 내렸다. 장시간 움직이지 않아서인지 몸이 잠시 휘청거렸다. 개의치 않고 걸음을 재촉했다. 요즘 TV에서 '5초만', '5초만' 기다렸다 가라는 캠페인을 깜박했다.
 아무도 없는 빈집을 향해 너무 서두른 것이 화근이었

다. 사실 내 몸의 컨디션이 전보다 많이 나빠진 사실을 잊고 있었다. 무의식 아니면 의식 사이였을까. 이마 저편, 혹은 머리 쪽에서 쿵 하는 소리가 났다. 그리고 내가 땅바닥에 납작 엎어진 사실을 알았다. 티베트 불교 신자들의 삼보일배와 오체투지의 자세로 버스 터미널 마당과 한 몸이 되어 있었다. 익숙한 마당에서 작은 돌멩이에 걸려 넘어지다니, 그런 난감한 일이 없었다. "할머니, 할머니, 괜찮으세요? 나를 일으켜 세우는 여자애 두 명의 목소리가 다급하게 들렸다. 사람 소리가 또렷이 들리는 걸 보니 내가 정신을 잃지는 않은 게 분명했다. '할머니'라니! '할머니'라는 호칭이 귀에 거슬렸다. 그보다 맞는 호칭이 없는데도 씁쓸했다. 참담한 정황 속에서 그런 허세를 부리고 싶었을까. 나는 이마를 누르며 일어나 앉았고 여학생들은 "119! 119!"라고 외쳐 대며 발을 동동 굴렸다. 정신도 멀쩡하고 피도 많이 흐르지 않아서, "좀 쉬었다 가면 되겠어요. 어두우니까 빨리 가야지요?" 나는 그 말밖에 할 말이 없었다.

"그래도요. 그래도요. 119가 올 때까지 우리가 있어야

해요." 우리말이 유창했지만 중국에서 유학 온 학생들이었다. 커다란 여행 가방을 끌고 내 옆에서 안절부절못하는 바람에 내 상처가 어느 정도인지 살필 겨를이 없었다. 119 응급차가 와서 몇 마디 나누고 있는 중에도 가지 않고 서성거렸다.

"내 차가 있으니까 일단 집으로 갈게요." 있는 힘을 다해 또렷또렷 말을 했다.

119 젊은 대원 둘이 걸어보라고 해서 안간힘을 써서 걸음을 옮겼다. 피가 더 나거나 어지러우면 바로 전화를 하라고 했다. 중국 여학생들은 또 나를 걱정하는 말을 했다. "그래도요, 병원으로 가셔야 하는데요." 사고 현장의 두려움이 가시지 않은 목소리였다. 여학생들의 느낌이 맞았다. 나는 피가 줄줄 흐르는 이마와 탁구공만 한 혹을 차에 태우고 자정이 넘어도 한참 넘은 시간에 응급실로 갔다.

결국 내가 그토록 싫어하는 입원을 할 수밖에 도리가 없었다. 끔찍한 것은 병원 생활이 아니라 얼굴을 점령해 내려오는 보랏빛 멍이었다. 나는 재생불량성 빈혈이라는 병명을 갖고 있어 조그만 충격에도 멍이 생기곤 한다. 그래서 피를 봐야 하는 치과 치료를 전문 의사진이 있는 서울에서 받는다. 담당 의사는 하마터면 큰일 날 뻔했다는 말을 했다. 나는 의사가 봐도 민망한 환자였다. 뇌진탕은 아니지만 다음 달 초쯤 머리가 아프거나 메슥거리면 꼭 병원에 오라고 했다.

나는 좀비나 프랑켄슈타인 같은 핼러윈 가면 마스크에 버금가는 얼굴로 일주일을 병원에서 지냈다. 코로나 마스크를 썼지만 사람들이 이상한 눈빛으로 나를 힐끗힐끗 훔쳐보았다.

그래도, 순정 만화 회상하듯 중국 여학생들을 생각하면, 그런 몰골 위로 미소가 피어올랐다. '그래도요', 한 마디가 보석처럼 반짝였다.

이제는 나도 건망증이 겁나는 나이다. 보석의 빛이 바래기 전에 작문으로라도 엮어 두고 싶어 이 글을 쓴다. 사람의 온기를 느끼는 일이 그리 흔치 않은 세상이다.

울컥

시집 한 권을 받고
울컥하는 마음에
반도 못 읽었다고
사심 없는 감상을 적어 보냈다

'울컥'이라는 슬픈 말이
이렇게 힘이 될 줄 몰랐다고
바로 답이 왔다

밤은 더디게 지나가고
그의 시는 더 이상 갈 데가 없고
새벽 기차보다 젊은 시인은
중환자실에서 자고 있는 아이의
때가 낀 손톱을 깎고 있겠다

겨울 월호동

월호동 앞바다에
오색 물오리 피어 있다
시퍼런 겨울 건너가려고
힘닿는 데까지 꼬물꼬물
바다의 뚜껑*을 여는 중이다

해의 서술어가 마침표를 찍고
새들이 날마다 상투어를 버린다
수식 없이 찾아온 계절마다
바다의 주어와 술어만으로
시를 쓰던 당신이 떠난 자리
익스프레스 이삿짐 차가 오늘도
바다로 난 골목을 밀물처럼 들어선다

바다의 무릎에서 뛰어내린 겨울 물오리

편의점 간다 우체국 간다

콕콕 바람 쪼아 먹고

잘근잘근 구름 씹어 먹고

홀쩍홀쩍 빗방울 떼어내며

당신 없는 바다 데리고 간다

*요시모토 바나나의 책 제목